Karl Hürthle

Untersuchungen über die Innervation der Hirngefässe

Karl Hürthle

Untersuchungen über die Innervation der Hirngefässe

ISBN/EAN: 9783744617413

Hergestellt in Europa, USA, Kanada, Australien, Japan

Cover: Foto ©berggeist007 / pixelio.de

Weitere Bücher finden Sie auf **www.hansebooks.com**

Untersuchungen

über die

Innervation der Hirngefässe.

Habilitations-Schrift,

welche mit Genehmigung der

Hochlöblichen medicinischen Fakultät der Kgl. Universität zu Breslau

am 18. März 1889, Vormittags $11^{1}/_{2}$ Uhr

in der kleinen Aula

öffentlich vertheidigen wird

Dr. Karl Hürthle,

Assistent am physiologischen Institut.

Opponenten:

Dr. F. Röhmann, Privatdocent für Physiologie.
Dr. J. Pfannenstiel, Assistenzarzt a. d. Kgl. Univ.-Frauenklinik.

Bonn,

Universitäts-Buchdruckerei von Carl Georgi.

1889.

I. Theil: Physikalische Begründung der Untersuchungsmethode[1].

Die Methoden, welche bisher zur Untersuchung der Innervation der Gehirngefässe in Anwendung gezogen wurden, sind
nach einer Zusammenstellung Schultén's[2]) die folgenden:

a) Direkte Besichtigung der Piagefässe.
b) Beobachtung der Volumveränderungen des Gehirns.
c) Messung des intracraniellen Druckes.
d) Bestimmung des Blutdruckes und der Stromgeschwindigkeit in den Hirngefässen.

Da die Arbeit Schultén's eine Kritik dieser Methoden enthält, soll hier nur bemerkt werden, dass die mittelst der einzelnen
gewonnenen Ergebnisse, wie sich im Verlaufe dieser Abhandlung
zeigen wird, in vielen Punkten zweifelhaft und widersprechend sind;
dies mag den Versuch rechtfertigen, eine weitere Methode für die
Untersuchung der Hirngefässe zu verwenden, welche sich den
unter d) angeführten anschliesst und vorläufig durch Erwähnung
derjenigen Versuche über Gefässinnervation gekennzeichnet sein
soll, in welchen sie bisher Verwendung gefunden hat.

Um den Einfluss eines Zweiges des annulus Vieusseni auf

---

1) Die folgenden Untersuchungen wurden zum grössten Theil im physiologischen Institut zu Tübingen angestellt.

2) Schultén, Experimentelle Untersuchungen über die Circulations-
verhältnisse des Auges und über den Zusammenhang zwischen den Circula-
tionsverhältnissen des Auges und des Gehirns. Archiv für Ophthalmologie
Bd. XXX. 1884. Abth. IV, S. 69.

1

die Lebergefässe zu studiren, brachten Cyon und Aladoff[1]) von zwei Quecksilbermanometern das eine in Verbindung mit der Carotis eines Hundes, das andere durch eine T-Canüle mit der arteria kepatica; bei Reizung des genannten Nerven zeigte sich nun, „dass, während in der art. hepatica der Seitendruck auf mehr als 50 mm in die Höhe ging, er in der Carotis nur 5—10 mm gewann"; sie schliessen daraus, „dass im annulus die gefässverengenden Fasern für die Zweige der arteria hepatica liegen".

Dastre und Morat[2]) verbanden zum Nachweis, dass im Nervus ischiadicus Vasomotoren für die hintere Extremität verlaufen, ein Manometer mit dem centralen Ende einer art. cruralis des Hundes, ein zweites mit dem peripheren Ende der anderen cruralis; auf Seite der letzteren war der Nervus ischiadicus durchschnitten; bei Reizung des peripheren Nervenstumpfes stieg nun der Blutdruck im peripheren Ende der cruralis, während er im centralen unverändert blieb. „Cette élévation de la pression dans le membre opéré, coincidant avec son invariabilité dans le reste de l'organisme prouve, que le reseau des artérioles s'est resserré."

Der Verwerthung der angeführten manometrischen Versuche zu Schlüssen über Gefässinnervation liegt die hydraulische Erfahrung zu Grunde, dass in einer von einem Strome durchflossenen Röhre unter sonst gleichen Bedingungen der Seitendruck an einem bestimmten Punkte um so höher ist, je grösser die Widerstände sind, welche der Strom abwärts von der untersuchten Stelle noch zu überwinden hat. Da nun im thierischen Körper die Widerstände, welche sich dem Blutstrome entgegenstellen, mit dem Contractionszustande der kleinen Gefässe wechseln, so geben die Aenderungen des Seitendruckes an einer bestimmten Stelle einer Körperbahn bei gleichbleibendem Allgemeindruck ein Maass für den Tonus der Gefässe. Das hier verwendete Princip lässt sich aber vorerst nur mit grosser Beschränkung zum Studium der Gefässinnervation verwenden; es gibt nämlich der Stand des peripheren Manometers über den Gefässtonus nur Aufschluss, wenn

---

1) E. Cyon u. Aladoff, Die Rolle der Nerven bei Erzeugung von künstlichem Diabetes mellitus. Mélanges biologiques tirés du bulletin de l'Académie impériale des sciences de St. Pétersburg. T. VIII, p. 104.

2) A. Dastre et J. P. Morat, Sur les nerfs vaso-dilatateurs du membre inférieur. Arch. de Physiologie 1883, p. 549.

im centralen Manometer der Druck unverändert bleibt oder die
beiden Druckwerthe nach entgegengesetzter Richtung auseinander
gehen; ändern sich aber beide gleichzeitig in derselben Richtung,
so erlauben ihre Angaben kein Urtheil über den Zustand der
peripheren Gefässe; denn es ist kein Gesetz darüber bekannt, in
welchem Verhältniss der Seitendruck in einer von der Aorta abgehenden Strombahn bei gleichbleibendem Tonus der Gefässe
dieser Bahn wachsen muss, wenn der Aortendruck um eine be
stimmte Grösse zunimmt. Liesse sich aber ein gesetzmässiges Verhalten der Werthe des Seitendruckes an zwei Punkten einer artiellen Strombahn bei alleiniger Aenderung der treibenden Kraft
erweisen, so wären auf Grund dieses Verhaltens in allen Fällen
Schlüsse auf das Verhalten der Widerstände, des Gefässtonus
möglich und das genannte Princip als Methode zur Untersuchung
der Gefässinnervation zu verwerthen.

Da nun noch keiner von den Autoren, welche sich dieser
Methode bedienten, eine Kritik derselben zu geben versucht hat,
soll es zunächst unsere Aufgabe sein, die physikalischen Grund-
lagen zu betrachten, auf welchen die Methode beruht; zu diesem
Zwecke wollen wir unsern Betrachtungen ein möglichst einfaches
Schema zu Grunde legen und das Herz durch ein Druckgefäss, die
ganze Strombahn aber uns ersetzt denken durch eine gerade horizontale, cylindrische Röhre von bestimmten Dimensionen. Nehmen
wir ferner an, dass die Widerstände, welche diese Röhre einem
Flüssigkeitsstrome bietet, ebenso gross sind, wie die der Gefässbahn eines bestimmten Organs oder Körpertheils, so müssen die
einzelnen Abtheilungen der letzteren, Arterien, Capillaren und

Venen, welche dem Blutstrome verschieden grossen Widerstand ent-
gegensetzen, im Schema durch verschieden lange Strecken der Röhre
repräsentirt sein. So stelle A in Figur 1 [1]) den Widerstand der zum
Organ führenden grossen Arterie bzw. Arterien dar; unter C fassen
wir die Gefässe zusammen, welche den Hauptwiderstand der ganzen
Bahn enthalten und diesen beinahe ausschliesslich zu ändern ver-
mögen, nämlich die kleinen Arterien, die Capillaren und die kleinen
Venen; die Strecke V endlich enthalte die Widerstände, welche das
Blut von den grösseren Venen bis zum Herzen zu überwinden hat.
An zwei Punkten der Strecke A seien ferner in M und M_1 senk-
rechte Röhren eingefügt, um den Seitendruck der aus dem Behälter
durch die Röhre strömenden Flüssigkeit zu messen; über das Verhalten desselben ist Folgendes empirisch festgestellt: „der Druck
nimmt in der Richtung des Stromes ab und zwar wie die Ordi-
naten einer geraden Linie" [2]). Verbindet man also die Kuppen
P und Q der über M und M_1 stehenden Flüssigkeitssäulen durch
eine gerade Linie, so geht ihre Verlängerung durch den Endpunkt
der Röhre, an welchem Atmosphärendruck herrscht. Aus diesem
Gesetze lassen sich nun durch Anwendung eines bekannten geo-
metrischen Lehrsatzes folgende für unsere Frage maassgebende
Schlüsse ziehen:

Kennt man die Strecke A und die in M und M_1 vorhandenen
Werthe des Seitendruckes, so lässt sich hieraus die Länge der
stromabwärts von A gelegenen Röhrenstrecke $C + V = x$ berech-
nen; es verhält sich nämlich:

$$x : x + A = M_1\,Q : M\,P.$$

Da nun bei allen positiven Werthen der treibenden Kraft der
Seitendruck in der Röhre nach demselben Gesetze abnimmt; verhalten sich auch die Werthe des Seitendruckes in M_1 und M bei
gleichbleibender Röhrenlänge stets wie $x : x + A$; es ist z. B.
$x : x + A = M_1 Q_1 : M P_1$; somit ist auch $M_1 Q : M P =$

---

1) Die Proportionen dieser Figur wurden nach einer Bemerkung A
Fick's über den mittleren arteriellen Druck gewählt (s. Compendium der
Physiologie des Menschen III. Aufl., 1882, S. 242): „Er ist in den kleinsten,
einem Manometer noch zugänglichen arteriellen Gefässen wohl kaum um $1/10$
niedriger, als der mittlere Druck in der Aorta." Die Zeichnung des Behäl-
ters ist in der Figur weggelassen.

2) S. A. Fick, Die medicinische Physik, III. Aufl., 1885, S. 103.

$M_1 Q_1 : MP_1$. In einer und derselben Röhre, d. h. bei gleichbleibendem Röhren-Widerstande ist also das Verhältniss der an
zwei Punkten gemessenen Werthe des Seitendruckes der strömenden Flüssigkeit bei allen Druckwerthen dasselbe. Für unseren
Zweck kehren wir diesen Schluss um und sagen: B l e i b t i n
e i n e r h o r i z o n t a l e n c y l i n d r i s c h e n R ö h r e d a s
V e r h ä l t n i s s d e r a n z w e i P u n k t e n d e r S t r o m ·
b a h n g e m e s s e n e n W e r t h e d e s S e i t e n d r u c k e s b e i
v e r s c h i e d e n e r a b s o l u t e r H ö h e d a s s e l b e, s o i s t
e i n e A e n d e r u n g d e r t r e i b e n d e n K r a f t, n i c h t
a b e r e i n e A e n d e r u n g d e r D i m e n s i o n e n d e r R ö h r e
(d e s W i d e r s t a n d e s) e i n g e t r e t e n.

Letztere macht sich folgendermaassen geltend: Bilden wir
aus dem Verhältniss der beiden Druckwerthe einen echten Bruch,
indem wir die Angaben des am Röhrenanfang gelegenen Mano-

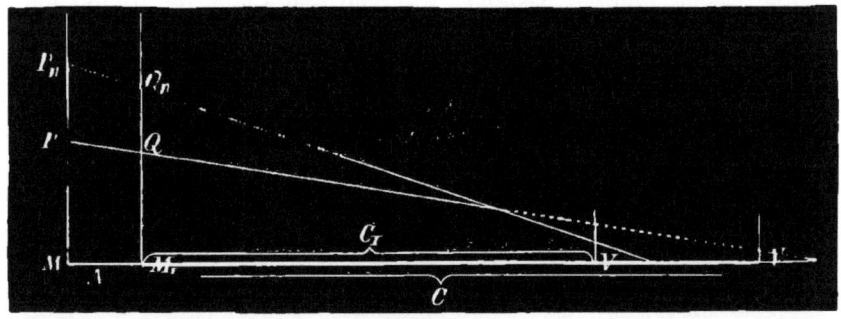

Fig. 2.

meters (m) in den Nenner, die des zweiten, stromabwärts gelegenen
(m_1) in den Zähler setzen $\left(\dfrac{m_1}{m}\right)$, so ist das Grösserwerden des
Bruches bedingt durch Zunahme der Röhrenlänge (des Wider-
standes), das Kleinerwerden des Bruches durch Abnahme der
Röhrenlänge (des Widerstandes). Verkürzen wir z. B. in unserem
Schema die Strecke $C + V = x$ auf $C_1 + V = x_1$ (s. Figur 2), so ist

$$\frac{M_1 Q_{II}}{MP_{II}} = \frac{x_1}{x_1 + A};$$

dieser Bruch ist aber kleiner als $\dfrac{x}{x + A}$, da x_1 kleiner ist als x;

somit ist auch $\dfrac{M_1 Q_{II}}{MP_{II}}$ kleiner als $\dfrac{M_1 Q}{MP}$.

Der Bruch $\frac{m_1}{m}$, der über die Widerstände der Bahn Aufschluss giebt, soll fernerhin mit w bezeichnet werden.

Die Messung des Seitendruckes an zwei Punkten einer horizontalen cylindrischen Strombahn ist also in allen Fällen ein Mittel zur Entscheidung der Frage, ob durch Verlängerung oder Verkürzung des Rohres eine Aenderung der Widerstände eingetreten ist oder nicht.

Nunmehr erhebt sich die wichtige Frage, ob auch in einer weniger einfach geformten Strombahn zwischen den an zwei Punkten gemessenen Druckwerthen eine Beziehung besteht, welche ein Urtheil über das Verhalten der Widerstände abwärts von der untersuchten Strecke erlaubt. Zur Entscheidung dieser Frage wurde eine Reihe von hydraulischen Versuchen angestellt, in welchen der Anfang einer Strombahn aus einer oder mehreren horizontalen cylindrischen Röhren bestand, während am Ende der Bahn ein besonderer Widerstand von verschiedener Form angebracht war.

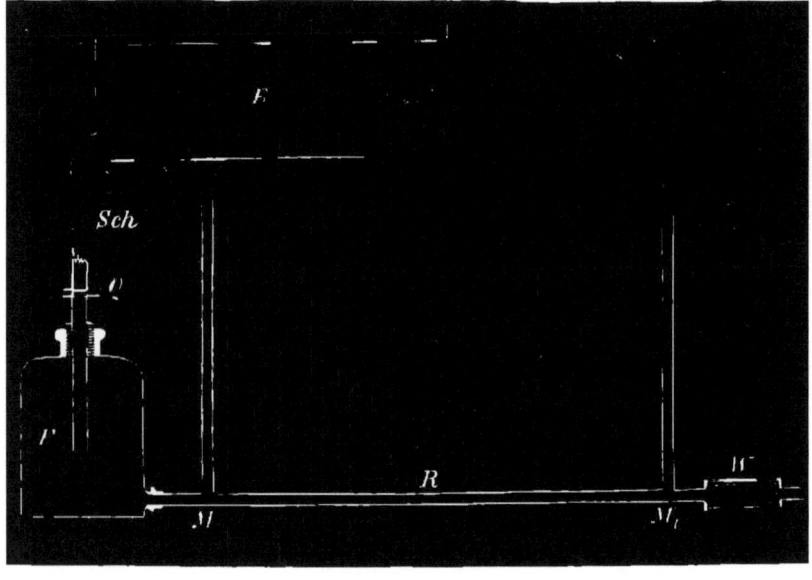

Fig. 3.

Die Aufgabe war nun, festzustellen, ob das Verhältniss der Druckwerthe in zwei Manometern, welche im Verlaufe der Bahn ange-

bracht waren, dasselbe bleibt, wenn die absolute Höhe des Seitendruckes verändert wird. Im Einzelnen hatten die Versuche folgende
Anordnung:

Von einem grossen Wasserbehälter *B* (Figur 3) führte ein
weiter, durch einen Quetschhahn *Q* verschliessbarer Gummischlauch
Sch zu einer 2 m tiefer gelegenen ganz mit Wasser gefüllten W o u l f-
schen Flasche *F*. In dem nahe über dem Boden befindlichen Tu-
bulus derselben war eine horizontale Glasröhe *R* von 100 bezw.
160 cm Länge und 4 bezw. 5 mm lichter Weite mittelst Gummi-
stopfens eingefügt, an deren Anfang und Ende zwei vertikale
Röhren *M* und *M₁* als Druckmesser angebracht waren. Mittelst
des am Gummischlauche befindlichen Quetschhahnes konnte nun
ein verschieden rascher constanter Strom und entsprechend hoher
Seitendruck in der Röhre herbeigeführt werden. Abwärts vom
zweiten Manometer war ferner ein Widerstand *W* von verschiedener
Form angebracht; er bestand nämlich in einem Theil der Versuche
aus einem Gummischlauche, dessen Lumen durch einen Quetschhahn verengt werden konnte; in anderen Versuchen war er
hergestellt durch eine mit Schwammstücken mehr oder weniger
vollgestopfte weitere Glasröhre; bei den meisten Versuchen aber
war er gebildet durch ein verschieden dickes Bündel von Glas-
kapillaren, die eine Länge von 40 bezw. 60 mm und einen lichten
Durchmesser von 0,1 bis 0,6 mm hatten, also Dimensionen, für
welche das P o i s e u i l l e'sche Gesetz gilt[1]).

Aus der Reihe der an dieser Vorrichtung angestellten Versuche seien hier folgende hervorgehoben:

In einem Falle, in welchem ein Quetschhahn am Ende des
einfachen Stromrohres den besonderen Widerstand bildete, schwankte
das Verhältniss der Druckwerthe der beiden Manometer zwischen
0,71 und 0,73, während der Druck im ersten Manometer zwischen

---

1) Die Capillarbündel wurden in der Weise hergestellt, dass Glasröhren
zu Capillaren ausgezogen, diese zu gleich langen Stücken geschnitten und an
beiden Enden zugeschmolzen wurden; verschiedene dicke Bündel derselben
wurden dann in einem Reagenzglase in Siegellack eingeschmolzen; nach dem
Erkalten wurde der Boden und der obere Theil des Glases so weit abge-
sprengt, dass die Cylinder bis zur Eröffnung des Lumens der Capillaren ab-
gefeilt werden konnten.

100 und 1500 mm Wasser verändert wurde; nicht grösser waren
unter sonst gleichen Verhältnissen die Abweichungen in den Versuchen, in welchen zusammengepresste Schwammstücke als Widerstand dienten.

Von den Capillarbündeln lieferte eines von 8 mm Durchmesser
folgende Werthe:

| Man. I | Man. II | Man. II |
(mm Wasser)		Man. I
103	95	0,92
278	258	0,92
612	570	0,93
958	895	0,93

In den angeführten Versuchen blieb jeweils das Verhältniss
der beiden Druckwerthe (w) annähernd dasselbe; die vorkommenden
Abweichungen betragen höchstens 0,02; es erfolgt also die Abnahme
des Seitendruckes in der Stromrichtung bei allen untersuchten Druckwerthen ebenso, wie sie in einer horizontalen cylindrischen Röhre
von entsprechender Länge beobachtet würde; beispielsweise liesse
sich der Widerstand des Capillarbündels im letztangeführten Versuche, in welchem die beiden Manometer 1000 mm Abstand hatten,
durch eine Verlängerung des Stromrohres ersetzen, deren Betrag
sich aus der Proportion ergiebt:

$$x : x + 1000 = 95 : 103$$
$$8\,x = 95000$$
$$x = 11875 \text{ mm.}$$

In der 1 m langen Glasröhre von 4 mm lichter Weite herrschte

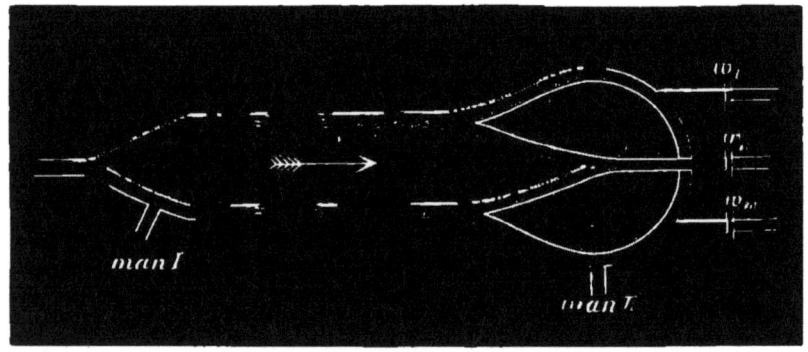

Fig. 4.

also in Folge des angesetzten Capillarbündels dasselbe Gefälle, welches bei entsprechenden Werthen der treibenden Kraft in einer annähernd 13 m langen horizontalen Röhre von gleichem Durchmesser erfahrungsgemäss besteht.

Auch in einem verzweigten Röhrensystem, dessen Form Figur 4 wiedergiebt, liess sich dasselbe Verhalten des Seitendruckes nachweisen; in diesem bestanden die besonderen Widerstände W_I, W_{II} und W_{III} aus Gummischläuchen, deren Lumen durch einen Quetschhahn verengt wurde und zwar verschieden stark in den beiden Reihen der folgenden Tabelle.

		Widerstand		
	grösser		kleiner	
Man. I	Man. II	$\dfrac{\text{Man. II}}{\text{Man. I}}$	Man. II	$\dfrac{\text{Man. II}}{\text{Man. I}}$
(mm Hg)				
30	27	0,90		
40	36	0,90	28	0,70
50	45	0,90	35	0,70
60	56	0,93	42	0,70
70	66	0,94	51	0,73
80	75	0,94	58	0,72
90	84	0,93	64	0,71
100	94	0,94	72	0,72
110	104	0,94	79	0,72
120	113	0,94	86	0,71
130	123	0,94	92	0,71
140	132	0,94	100	0,71
150	140	0,93	107	0,71
160	150	0,94	116	0,72
170	161	0,94	124	0,73
180	170	0,94	132	0,73
190	178	0,94	138	0,72
200	189	0,94	144	0,72

Ferner blieb das Verhältniss der beiden Druckwerthe dasselbe, wenn das zweite Manometerrohr nicht senkrecht auf dem Stromrohr stand, sondern einen Winkel mit ihm bildete; dieser Winkel betrug in einem Versuche, welchem die folgenden Zahlen entnommmen sind, 135 bezw. 45°; den besonderen Widerstand bildete ein Quetschhahn.

Man. I	Man. II	$\dfrac{\text{Man. II}}{\text{Man. I}}$	Man. II	$\dfrac{\text{Man. II}}{\text{Man. I}}$
(mm Wasser)				
200	172	0,86	170	0,85
400	349	0,87	344	0,86
600	526	0,87	517	0,86
800	—	—	690	0,86
1000	877	0,87	863	0,86

Unter den Versuchen kamen nun aber zwei Fälle vor, in
welchen eine Abweichung von dem geschilderten Verhalten der
beiden Druckwerthe beobachtet wurde; beide hatten das Gemein-
same, dass die Strombahn abwärts vom zweiten Manometer auf
einer kurzen Strecke kegelförmige Gestalt hatte und unterschieden
sich dadurch, dass im einen Falle die Spitze des Kegels dem
Stromanfang näher lag, im anderen die Basis. Im ersteren Falle
zeigte sich nun, dass mit wachsender Triebkraft eine relative
Drucksenkung im zweiten, vom Stromanfang entfernteren Manometer eintrat; die kegelförmige Erweiterung des Strombettes wirkt
bei einem gewissen Werthe der Strömungsgeschwindigkeit druck-
mindernd, saugend; das Umgekehrte wird bei einer kegelförmigen
Verengung der Strombahn beobachtet.

Die kegelförmige Erweiterung der Strombahn kam dadurch
zu Stande, dass an das Ende der 1 m langen Glasröhre von 4 mm
Durchmesser ein Capillarbündel von 18 mm Durchmesser mittelst
eines Glasconus angefügt war. Die kegelförmige Verengung der
Strombahn war dadurch erzeugt, dass eine Glasröhre von 4 mm
Weite zu einem Conus ausgezogen wurde, dessen Spitze etwa 1 mm
lichter Weite hatte; sie diente als besonderer Widerstand unterhalb
des zweiten Manometers. Es folgen die Zahlenbeispiele aus diesen Versuchen:

Kegelförmige Erweiterung der Strombahn.

Man. I (mm Wasser)	Man. II	Man. II / Man. I	Ausflussmenge des Wassers von 18° C. in ccm in 1 Minute.
196	151	0,76	196
323	246	0,76	335
415	311	0,75	422
748	493	0,66	645

Kegelförmige Verengung der Strombahn.

Man. I	Man. II	Man. II / Mau. I
167	143	0,85
295	254	0,86
523	477	0,91
704	650	0,92
991	925	0,93

Da nun im Blutgefässsystem des thierischen Körpers keine
plötzlichen kegelförmigen Erweiterungen oder Verengerungen vor-

kommen, könnte man mit grosser Wahrscheinlichkeit annehmen, dass auch hier die Röhrenwiderstände bei verschiedenen Werthen des Blutdruckes durch ein und dieselbe horizontale cylindrische Röhre repräsentirt werden können. Jedoch kommt in der Blutbahn bei der Verzweigung der Gefässe eine allmähliche Erweiterung des Strombettes zu Stande, die wohl schematisch auch als Kegel dargestellt wird und so war es angezeigt, an einem die charakteristischen Verhältnisse des Blutgefässsystems wiedergebenden

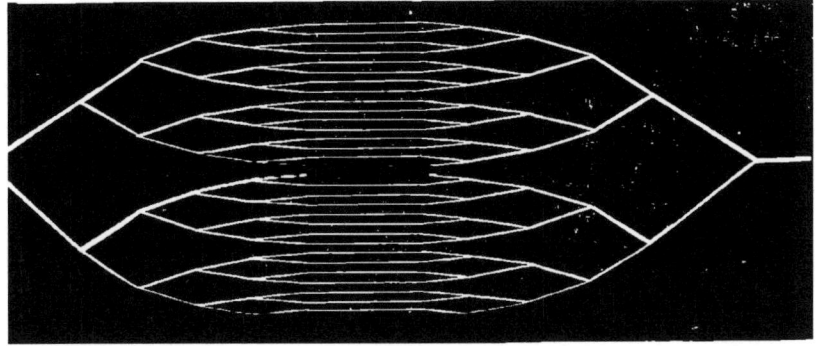

Fig. 5.

Schema eine sichere Entscheidung der Frage durch das Experiment herbeizuführen. Das Schema, welches ich mir zu diesem Zwecke aus Glasröhren herstellte, ist in Figur 5 abgebildet; es hatte eine Länge von 105 cm; der lichte Durchmesser des Stammes betrug 8,4 mm und der jedes Zweiges $^{3}/_{4}$ von dem des zugehörigen Stammes, so dass die den Capillaren entsprechenden Röhren 2 mm lichter Weite hatten. Das Schema war nach dem Muster des kürzlich von A. Fick[1]) beschriebenen gearbeitet, unterscheidet sich von diesem aber dadurch, dass die dichotomische Theilung der Röhren statt der trichotomischen gewählt wurde, um von der Form des Blutgefässsystems möglichst wenig abzuweichen; bei dieser Anordnung musste dann eine häufigere Verzweigung der ursprünglichen Röhre durchgeführt werden, um eine erhebliche Vergrösserung des Gesammtquerschnittes der Strombahn in den Capillaren zu erzielen; bei der im Schema vorhandenen fünfmaligen Theilung

---

1) Siehe A. Fick, Ueber den Druck in den Blutkapillaren. Pflüger's Arch. f. Phys. Bd. XLII, S. 482.

des Stammes betrug dann der Gesammtquerschnitt der Capillaren nicht ganz das Doppelte von dem des Stammes ($^{100}/_{55}$). (F i c k erreichte durch Verwendung trichotomischer Röhren schon bei dreimaliger Theilung des Stammes eine Vergrösserung des Querschnittes auf das Vierfache.) Dieses Schema wurde nun an Stelle des Widerstandes W der Figur 3 gebracht; die Röhre R hatte in diesem Versuche eine Länge von 120 cm und einen lichten Durchmesser von 8,4 mm; die Resultate sind aus der folgenden Tabelle zu ersehen:

M (mm Wasser)	M_1	$\dfrac{M_1}{M}$
246	189	0,76
444	335	0,75
690	516	0,74
1014	755	0,74
1264	935	0,74
1374	1014	0,74

Diese Tabelle sagt Folgendes aus: In einer cylindrischen Strombahn, welche zu einem nach Art der Blutgefässe angeordneten Röhrensystem führt, bleibt das Verhältniss der an zwei Punkten gemessenen Werthe des Seitendruckes $\left(\dfrac{m_1}{m} = w\right)$ dasselbe, wenn die absoluten Werthe innerhalb weiter Grenzen geändert werden. Der im System der verzweigten Röhren liegende Widerstand kann also ersetzt werden durch eine Verlängerung der cylindrischen Strombahn, deren Betrag für den vorliegenden Fall 341 cm beträgt und sich aus der Proportion ergibt:

$$120 + x : x = 100 : 74.$$
$$26x = 74 \cdot 120.$$
$$x = 341.$$

Endlich werden wir nach der Beschreibung der allgemeinen Versuchsanordnung für das Studium der Hirngefässe noch ein physiologisches Experiment kennen lernen, welches die Bestätigung bringt, dass das im Schema gefundene gesetzmässige Verhalten des Seitendruckes auch für den Blutstrom des lebenden Körpers gilt und dass wir in der Bestimmung des Seitendruckes an zwei Punkten der arteriellen Blutbahn eines Körpertheiles ein Mittel haben, auch bei wechselnder Höhe des Aortendruckes Aenderungen des Widerstandes der Strombahn d. h.

Aenderungen der Innervation der Blutgefässe
zu erkennen. Es erübrigt nun noch, den Nachweis für die Zulässigkeit
einer Voraussetzung zu erbringen, die wir bei der Zurückführung
der Methode auf das Schema der Figur 2 (s. S. 565) gemacht
haben; wir können nämlich durch Messung des Seitendruckes am
Anfang und Ende der Strombahn A auf die Länge der Strecke C
nur Schlüsse ziehen unter der Voraussetzung, dass sowohl A als V
unverändert bleiben; und wenn wir durch Messung des Seitendruckes an zwei Punkten einer arteriellen Bahn Schlüsse ziehen
wollen auf die Veränderungen der kleinen Arterien, Capillaren
und Venen, so müssen wir desgleichen voraussetzen, dass die
Widerstände auf der zwischen den Manometern befindlichen arteriellen Strecke, sowie in den grossen zum Herzen führenden Venen
keine Aenderungen erleiden. Es fragt sich nun, ob sich diese
Voraussetzung rechtfertigen lässt; in vielen Fällen wird sie jedenfalls nicht zutreffen; denn es können sowohl innerhalb der zur
Untersuchung benützten Arterienstrecke als auch der grossen Venen
Veränderungen des Widerstandes vorkommen unabhängig von
denen im zwischenliegenden Capillargebiet. Erstere können zweierlei
Ursache haben: sie können nämlich dadurch bedingt sein, dass
das zwischen den beiden Manometern liegende Arterienstück seinen
Durchmesser wechselt, oder aber dadurch, dass diese Strecke Aeste
abgibt, in deren Capillargebiet sich die Widerstände ändern. Ueber
Kaliberschwankungen der grossen Arterien ist wenig bekannt;
jedenfalls sind aber die dadurch hervorgerufenen Aenderungen des
Widerstandes sehr klein im Vergleich mit den Widerständen im
Capillargebiet, so dass ihre Vernachlässigung nur kleine Fehler
der Methode veranlassen kann. Dagegen könnten Aenderungen
des Widerstandes innerhalb abgehender Seitenäste den Werth w
$\left(\dfrac{m_1}{m}\right)$ erheblich alteriren; für Vermeidung dieser Fehlerquelle ist
daher in allen Fällen Sorge zu tragen; da dies am besten durch
Wahl einer geeigneten Arterie geschieht, ist die Methode an das
Vorhandensein einer solchen gebunden; gegen die Störungen kleiner
Gefässe kann man sich leicht durch Abbinden derselben schützen.
An die Eigenschaften der zur Untersuchung zu benützenden Arterienstrecke muss man daher folgende Anforderungen stellen:
1) zwei Punkte derselben müssen für Manometer zugänglich sein,

2) zwischen beiden Punkten muss eine deutliche Druckdifferenz vorhanden sein; 3) sie darf keine oder wenigstens keine erheblichen Seitenäste abgeben, oder diese müssen abgebunden werden können.

Was nun die Aenderungen des Widerstandes in den abführenden Venen anlangt, so können solche hauptsächlich mit Druckänderungen in den grossen Venen der Pleura- und Peritonealhöhle zu Stande kommen; für gewöhnlich sind diese, z. B. die mit dem Wechsel der Athembewegung verbundenen, sehr klein im Verhältniss zu den grossen Widerständen im Gebiet der kleinen Gefässe und können füglich vernachlässigt werden; dagegen müssen sie in denjenigen Fällen berücksichtigt werden, in welchen der auf Untersuchung der Gefässinnervation eines Körpertheiles gerichtete Eingriff erhebliche Druckänderungen im Gebiete der grossen Venen veranlasst.

Fassen wir nun das Ergebniss der dargelegten Untersuchungen zusammen, so lautet das Urtheil über die Verwendbarkeit und Zuverlässigkeit der Methode etwa folgendermaassen: Die Methode, Veränderungen der Innervation der Blutgefässe eines Körpertheiles durch Messung des Druckes an zwei Punkten der zuführenden Arterie bezw. Arterien zu erkennen, ist nur verwendbar, wenn die Anordnung der Blutgefässe gestattet, das Gefälle dieser Bahn zu messen. Die Genauigkeit der Methode wird gefährdet durch Widerstandsänderungen innerhalb der zuführenden Arterien und abführenden Venen, die ihren Grund nicht in Tonusänderungen des Capillargebietes haben; solche müssen daher entweder vermieden oder bei der Beurtheilung der arteriellen Druckwerthe berücksichtigt werden.

In Anbetracht der Störungen, welche durch allfällige Druckänderungen in den grossen Venen veranlasst werden können, ist es geboten, die Ergebnisse der Messungen des arteriellen Druckes durch gleichzeitige Bestimmung des venösen Blutdruckes in einer vom untersuchten Körpertheil abgehenden Vene in einzelnen Versuchen zu bestätigen bezw. zu ergänzen.

II. Theil: Versuche über die Innervation der Hirngefässe.

Gehen wir nun über zur Anwendung dieser Methode auf die Untersuchung der Innervation der Hirngefässe, so ist über die allen Versuchen gemeinschaftlichen Vorkehrungen Folgendes vorauszuschicken: Die Versuchsthiere wurden durchweg morphinisirt und zwar die Kaninchen durch 2, die Katzen durch 4 und ein Hund durch 8 cgr Morphium, das jeweils in 1%iger Lösung in die vena submentalis eingegossen wurde.

Die beiden Punkte der Arterienbahn des Gehirns, an welchen der Blutdruck gemessen wurde, waren die Aorta und der Circulus Willisii; um diese zu erreichen, wurde nach Abschnürung einer Carotis communis in der Mitte des Halses in das centrale und periphere Ende der Arterie je eine Canüle eingeführt, nachdem durch Abbinden der Carotis externa dafür gesorgt war, dass das periphere Carotisende nur eine Verbindung mit dem Circulus darstellte. Wenn man die Abbindung der Carotis externa unterliesse, so würde diese Arterie einen Abflussweg für das aus dem Circulus durch die Carotis interna rückwärts strömende Blut bilden; dies beweisen die in Tab. 1 mitgetheilten Versuche, in welchen mit Abbindung der Carotis externa der Druck im peripheren Carotisende nicht unerheblich zunimmt.

Bei zwei Katzen und einem Hunde wurde gleichzeitig mit den beiden arteriellen Druckwerthen der einer Gehirnvene registrirt; bei den Katzen wurde zur Druckmessung die beide Male stark entwickelte vena jugularis interna verwendet; beim Hunde wurde die Canüle in die die Hauptblutmasse des Gehirns abführende vena jugularis externa eingeführt nach Abbindung der nicht Gehirnblut führenden Zweige[1]). Die Messung des Venendruckes bildet so eine Controle und Ergänzung der arteriellen Druckwerthe: ist z. B. bei gleichbleibendem Aortendrucke ein Steigen des Venendruckes verbunden mit Sinken des Druckes im Circulus, so kann die Aenderung des Venendruckes nicht zurückgeführt werden auf Hemmung des venösen Abflusses; denn in diesem Falle dürfte der Druck im Circulus nicht sinken; sie bestätigt also die Angaben der arteriellen Druckmessungen, die eine Erweiterung der Gefässe des Capillargebietes anzeigen u. s. w.

---

1) Ueber die Präparation des Gefässes s. Paul Cramer, Experimentelle Untersuchungen über den Blutdruck im Gehirn. Dissert. Dorpat 1873 und Gaertner und Wagner, Ueber den Hirnkreislauf. Wiener med. Wochenschrift 1887, Nr. 19 u. 20.

Am getödteten Versuchsthiere wurde jeweils die anatomische
Präparation der Gehirnarterien zum Theil nach vorhergehender
Injection vorgenommen, um die richtige Abbindung der carotis
externa zu bestätigen und allfällige Gefässanomalien nachzu-
weisen; so zeigte sich z. B. beim Versuchsthiere Nro. 12 (s. die
Tabellen), dass die Carotis interna, welche selbst sehr klein war,
vor ihrem Eintritt in den Schädel einen relativ starken Zweig zur
Ohrgegend abgab; hieraus erklärt sich der geringe Druck, welcher
in diesem Falle im peripheren Ende der Carotis beobachtet wurde
und ergiebt sich die Nothwendigkeit, diesen Versuch aus der Reihe
der maassgebenden Beobachtungen zu streichen; denn es ist anzunehmen, dass auch die Widerstände in dem ausserhalb des
Schädels abgehenden Zweige wechselten und in nicht zu über-
sehender Weise den Druck im peripheren Carotisende beeinflussten;
gleichwohl ist der Versuch in die Tabellen aufgenommen, jedoch
bei der Entscheidung der Ergebnisse nicht verwerthet worden.

Zur Messung des Druckes dienten Gummimanometer, die nach
jedem Versuche calibrirt wurden; dem Quecksilbermanometer, das
diese übrigens nicht grosse Mühe erspart hätte, wurden diese
Apparate der bequemeren Handhabung wegen vorgezogen; man
vermeidet ferner bei ihrer Anwendung das Uebertreten grösserer
Mengen gerinnungshemmender Flüssigkeit in die Blutgefässe des
Versuchsthieres bei grossen Druckschwankungen und wird nur
höchst selten im Versuche durch Blutgerinnung gestört.

Die Bestimmung des mittleren Blutdruckes geschah in der
Weise, dass das Druckminimum am Maassstabe abgelesen und zu
diesem die pulsatorische Schwankung addirt wurde; der Werth
der letzteren wurde in der ersten Hälfte der Versuche, bei welchen das Gummimanometer in seiner ursprünglichen Form mit
relativ grossem Flüssigkeitswechsel verwendet wurde und die pulsatorische Schwankung einfache Berge und Thäler darstellte, dem
halben Produkt aus Grundlinie und Höhe gleichgesetzt; in den
späteren Versuchen, in welchen das vervollkommnete Instrument
die Details der Pulscurve zeichnete, wurde der mittlere Werth
der letzteren bei verschiedenen Druckhöhen durch Ausschneiden
und Wägen der Curven bestimmt, da sich gezeigt hatte, dass der-
selbe bei verschiedener Höhe des Blutdruckes vom halben Produkt aus Grundlinie und Höhe nach verschiedener Richtung ab-
weicht, nämlich grösser ist bei hohem, und kleiner bei niederem

Blutdruck, worüber eine spätere Abhandlung Genaueres be-
richten wird.

Es folgt zunächst die Beschreibung des Experimentes, welches
schon oben (S. 572) erwähnt und zur physiologischen Entscheidung der Frage angestellt wurde, ob bei wechselndem Aortendruck und gleichbleibendem Gefässtonus eine Veränderung des
Werthes *w* eintritt:

Bei mehreren mit Druckmessern im centralen und peripheren
Carotisende versehenen Kaninchen wurde plötzliches Steigen und
Fallen des Aortendruckes durch Compression der Aorta durch die
Bauchdecken bezw. Freigeben des Gefässes erzeugt und die aller
Wahrscheinlichkeit nach zutreffende Voraussetzung gemacht, dass
etwa eine Sekunde nach erfolgter Druckänderung eine Aenderung
des Tonus der Hirngefässe nicht eingetreten sei; eine solche tritt,
wenn überhaupt in Folge des Eingriffes, erfahrungsgemäss viel
langsamer ein. Die Ausmessung der Druckwerthe in Aorta und
Circulus vor, während der 1. bis 2. Sekunde der Compression und
kurz nach Aufhebung derselben ergab die in Tab. 2 verzeichneten
Werthe. Die mit dem Wechsel des Aortendruckes eintretenden
Aenderungen von *w* betragen in maximo 0,04; sie liegen in den
einzelnen Versuchen nicht nach derselben Richtung und dürfen somit als Beobachtungsfehler betrachtet werden. Die Aenderung des
Aortendruckes betrug in maximo 64 mm Hg. Die Versuche erbringen den Beweis, dass die Ergebnisse der geschilderten physikalischen Versuche auch auf den Blutstrom des lebenden Körpers
Anwendung finden.

Auf Grund dieser Versuche wurden bei der Beurtheilung
aller folgenden Druckmessungen Abweichungen von *w* um 0,05
als Beobachtungsfehler betrachtet und zur Entscheidung einer
Tonusänderung nicht verwerthet.

Wenden wir uns nun zur Betrachtung der bei den Versuchsthieren bestehenden Druckdifferenz zwischen Aorta und Circulus,
so ist an derselben zweierlei bemerkenswerth: erstens ist sie in
den meisten Fällen auffallend gross und zweitens schwankt ihr
Werth beträchtlich bei den einzelnen Individuen. Den ersten
Punkt anlangend dürfen wir nicht vergessen, dass der Circulus in
allen Versuchen eines beträchtlichen Theiles seiner Zufuhr durch
die Carotisunterbindung beraubt ist; wie gross der Einfluss derselben trotz der vorhandenen Anastomosen auf den Druck im Cir-

culus ist, kann man aus Versuchen Schultén's[1]) über den Druck in der arteria ophthalmica entnehmen. Er fand nämlich, „dass der Blutdruck in der Art. ophthalm. fast ebenso hoch ist, wie in den grossen Gefässen des Körpers"; und ferner, „dass Ligatur der Carotis auf der entgegengesetzten Seite fast gar nicht oder in geringem Grade den Blutdruck in der Art. ophthalm. herabsetzt, dass dieses dagegen bei Ligatur der Carotis auf derselben Seite in bedeutendem Grade geschieht". Hier ein Beispiel aus den Versuchen Schultén's:

Blutdruck in der) bei Ligatur der Car. sin. 94—108 mm Hg.
art. ophth. dextr. („   „   „   „ dext. 66—74 „   „

Demgemäss werden wir den relativ geringen Druck im Circulus, der in den Tabellen verzeichnet ist, auf Rechnung der Carotisligatur zu setzen haben und die individuellen Schwankungen desselben auf die Variationen der Grösse des abgebundenen Gefässes im Verhältniss zu den übrigen Gehirnarterien beziehen.

Da ferner dem Kaninchen die arteria communicans anterior fehlt[2]), so messen wir in den Versuchen die Aenderungen des Seitendruckes im peripheren Ende der Carotis, welches nur durch die communicans posterior von der Art. basilaris gespeist wird.

Einfluss des Sympathicus auf die Hirngefässe.

Ueber die Frage, ob der Halstheil des Sympathicus Vasomotoren für die Hirngefässe enthalte, herrschen verschiedene Ansichten und zwar liegen sowohl über die Wirkung der Durchschneidung wie der Reizung des Nerven widersprechende Beobachtungen vor.

Auf Grund von Durchschneidungsversuchen nehmen Nothnagel[3]) und Ackermann[4]) eine tonische Einwirkung des Nerven auf die Hirngefässe an; Nothnagel fand bei direkter Besichtigung der Piagefässe des Kaninchens durch ein

1) Schultén, l. c. p. 30—46.

2) S. Krause, Die Anatomie des Kaninchens, II. Aufl. Leipzig 1884. S. 253.

3) Nothnagel, Die vasomot. Nerven der Gehirngefässe. Virchow's Arch. Bd. 40, S. 203.

4) Ackermann, Unters. über den Einfluss der Erstickung auf die Menge des Blutes im Gehirn und in den Lungen. Virchow's Arch. Bd. 15, 1858. S. 401.

Trepanloch, dass Durchscheidung des Nervus sympathicus zwischen dem ersten und zweiten Halsganglion, sowie Exstirpation des Gangl. cervic. supr. eine Erweiterung der Arterien der Pia auf der durchschnittenen Seite nach sich zieht; doch trat dieser Erfolg bei einer grossen Reihe von Versuchen nur in einigen Fällen ein.

A c k e r m a n n beobachtete nach einseitiger Durchschneidung des Halsgrenzstranges stärkere Blutung aus der Diploë und stärkere Injektion der Piagefässe der betreffenden Seite und schliesst daraus (trotzdem eine vorgenommene Reizung des Nerven erfolglos war), dass der Sympathicus auf die Gefässe der Pia dieselbe Wirkung habe, wie auf die Gefässe des Gesichts und Ohres.

Diesen beiden positiven Beobachtungen gegenüber stehen mehrere negative:

C a l l e n f e l s [1]) konnte weder bei Durchschneidung des Halssympathicus noch bei Ausreissung des Gangl. cerv. supr. beim Kaninchen einen Farbenunterschied der beiden Hälften der blossgelegten Pia beobachten.

S c h u l t é n [2]) sah bei denselben Eingriffen weder eine Aenderung des intracraniellen und intraocularen Druckes, noch einen Wechsel des Lumens der inneren Augengefässe eintreten.

G a e r t n e r und W a g n e r [3]) haben von Durchschneidung und Reizung des Vago-Sympathicus beim Hunde keinerlei Wirkung auf die Menge des aus einer Gehirnvene sich entleerenden Blutes gesehen.

In meinen an 7 Kaninchen und 3 Katzen angestellten Beobachtungen hatte Durchschneidung des Halssympathicus in keinem Falle eine Aenderung des Druckes im Circulus zur Folge; da nun, wie im Folgenden mitgetheilt wird, Reizung des Nerven eine bedeutende Aenderung des Druckes im peripheren Carotisende hervorbringt, so hat zur Erklärung der Erfolglosigkeit der Durchschneidung die von N o t h n a g e l (aus anderen Gründen), und von S c h u l t é n gemachte Annahme die meiste Wahrscheinlichkeit, dass ausser im Halssympathicus Vasomotoren auch auf anderen

---

1) J. v a n d e r B e k e C a l l e n f e l s, Ueber den Einfluss der vasomot. Nerven auf den Kreislauf und die Temperatur. Zeitschr. f. rat. Med. Neue Folge Bd. VII. 1855.

2) S c h u l t é n, l. c. p. 59.

3) G a e r t n e r u. W a g n e r, l. c.

Bahnen zum Gehirn verlaufen, deren Integrität ein Erschlaffen der Gehirngefässe verhindert.

Ueber die Wirkung der Reizung des Halssypathi-cus mit Inductionsströmen liegen folgende Beobachtungen vor:

, Nothnagel sah bei diesem Experimente eine Verengung der Piagefässe am trepanirten Schädel eintreten; doch war dieser Erfolg nur in drei Fällen zu constatiren, in allen andern war die Reizung des Sympathicus erfolglos oder zweifelhaft.

Callenfels sah in einem am Kaninchen angestellten Ver-suche auf Reizung des Halssympathicus zwei kleine Gehirnarterien derselben Seite sich contrahiren und der Contraction bedeutende Dilatation folgen.

Schultén beobachtete auf Reizung des Sympathicus Sinken des intracraniellen Druckes um $\frac{1}{2}$ bis 1 mm Quecksilber, was da-hin zu deuten ist, dass die durch Sympathicusreizung veranlasste Gefässcontration eine Volumabnahme des Gehirns und Minderung des Hirndruckes zur Folge hat.

Zu negativen Resultaten gelangten folgende Autoren: A. Schultz[1]), „der bei einer Reihe von Durchschneidungs- und Reizungsversuchen am Halssympathicus des Kaninchens nie eine Contraction oder Erweiterung der Piagefässe beobachtete, während der Effect auf die Ohrgefässe nur ausnahmsweise ausblieb. Schultz folgert hieraus, dass die motorischen Nerven der in der Pia des Kaninchens verlaufenden Gefässe nur anormaler Weise durch den Halssympathicus gehen."

Riegel und Jolly[2]) haben „bei einer grossen Reihe von Durchschneidungen des Halssympathicus niemals auch nur die ge-ringste Veränderung im Füllungszustand der Piagefässe beobachten können. Ein gleiches negatives Resultat erhielten wir bei Reizung des centralen Endes des Halssympathicus, während der Effect auf Ohrgefässe und Pupille in keinem dieser Versuche ausblieb. Unsere Resultate stimmen demnach vollständig mit den von Schultz er-haltenen überein."

---

1) Alex. Schultz, Zur Lehre von der Blutbewegung im Innern des Schädels. St. Petersburger med. Zeitschr. Bd. XI. 1866, S. 122, citirt nach Riegel u. Jolly.

2) Riegel u. Jolly, Ueber die Veränderungen der Piagefässe in Folge von Reizung sensibler Nerven. Virchow's Arch. Bd. 52, S. 230.

C r a m e r[1]) konnte durch Messung des Druckes in einer Gehirnvene (Vena jugul. ext. des Hundes) bei Reizung des Sympathicus keinen Einfluss auf die Hirngefässe nachweisen.

G a e r t n e r und W a g n e r[2]) maassen die Menge des in der
Zeiteinheit aus derselben Vene abfliessenden Blutes beim Hunde
und sahen auf Reizung des Sympathicus keine Aenderung des
Blutstromes eintreten.

J o l l y[3]) ist trotz zweier positiven Versuche nicht geneigt, dem
Sympathicus einen Einfluss auf die Gehirngefässe zuzuschreiben;
er fand nämlich, dass Durchschneidung des Halssympathicus beim
Kaninchen ein Sinken des Gehirndruckes um 15 mm Wasser zur
Folge hat, Reizung des Nerven eine Steigerung um 20 resp. 9 mm
(je ein Versuch); (S c h u l t é n fand bei letzterem Experimente
Sinken des Hirndruckes.) J o l l y hatte dieses Resultat nicht er-
wartet, da „jedenfalls bei der Mehrzahl .der Kaninchen die vasomotorischen Fasern der Piagefässe nicht durch den Halssympathicus oder sein oberstes Ganglion verlaufen" und glaubt daher auch,
dass das Angeführte „abgesehen von der geringen Zahl der Versuche, noch keineswegs einen direkten Einfluss des Halssympathicus auf die Gehirngefässe beweist; denn bei seiner Durchschneidung erweitern sich die grossen collateralen Gefässbahnen in den
äusseren Theilen des Kopfes, bei seiner Reizung verengern sich
dieselben; es kann also sehr wohl im ersteren Fall ein Sinken,
im letzteren ein Steigen des Hirndrucks einfach durch die collateralen Druckänderungen zu Stande kommen."

K n o l l[4]) sah weder bei Durchschneidung noch bei Reizung
der Halssympathici des Kaninchens eine erhebliche Veränderung
der Druckcurve der Cerebrospinalflüssigkeit eintreten, will jedoch
seine Versuche, da sie zu vereinzelt waren, noch nicht als entscheidend betrachten.

Die Versuche (s. Tab. 3 a und b) mit Messung des Druckes

---

1) P a u l C r a m e r, l. c.

2) l. c.

3) J o l l y, Untersuchungen über den Gehirndruck und über die Blutbewegung im Schädel. Würzburg 1871, S. 38.

4) P h i l i p p K n o l l, Ueber die Druckschwankungen in der Cerebrospinalflüssigkeit und den Wechsel in der Blutfülle des centralen Nervensystems. Sitzungsber. der kais. Akad. d. Wiss. XCIII. Bd., III. Abth. 1886.
S. 252.

im centralen und peripheren Carotisende sprechen nun unzwei-
deutig dafür, dass der Halssympathicus vasomotorische Fasern für
die Hirngefässe seiner Seite führt und zwar beim Kaninchen, der
Katze und beim Hunde; unter sieben zum Versuche benützten Kaninchen liess sich nur in einem Falle (Versuch Nr. 13) ein Einfluss
des Sympathicus auf die Hirngefässe nicht constatiren; bei drei
Katzen und einem Hunde fielen die Versuche positiv aus.

Reizt man nämlich das periphere Ende des durchschnittenen
Halssympathicus auf der Seite der Canülen mit Inductionsströmen,
so sieht man einige Sekunden nach Beginn der Reizung den Druck
im peripheren Carotisende ansteigen und bald nach Aufhören der
Reizung wieder auf oder unter seinen früheren Werth sinken;
selten bleibt er auf einem höheren Werthe stehen, als er vor der
Reizung hatte. Der Aortendruck bleibt während der Reizung in
einem Theil der Versuche gleich, in anderen steigt er ebenfalls,
jedoch wird w stets grösser, so dass eine Vergrösserung der
Widerstände der Gehirnbahn d. h. Verengung der Hirngefässe angenommen werden muss. Lässt man das negative Resultat des
Versuches Nr. 13 bei Seite, so trat in 10 an 4 Kaninchen vorgenommenen Reizungen des Nerven auf Seite der Canülen eine Zunahme von w um 0,116 im Mittel ein; das Minimum der Erhöhung
betrug 0,03 das Maximum 0,26. Bei zwei Versuchsthieren ver-
grösserte sich w auf gleichzeitige Reizung beider Sympathici in
einem Falle um 0,02, im anderen um 0,24.

Nach diesen Versuchen scheint die Anzahl der vasomotorischen
Fasern der Hirngefässe, die ihren Verlauf durch den Halssympathicus nimmt, individuell sehr verschieden zu sein.

Macht man den Versuch am Sympathicus derjenigen Seite,
auf welcher die Manometer nicht liegen, so sieht man bei der
Reizung keinen Erfolg eintreten. Es trat nämlich unter 8 Reizungen nur dreimal eine Zunahme von w um 0,02 ein; fünfmal dagegen eine Abnahme um nicht ganz 0,02 im Mittel. Da nun anzunehmen ist, dass auch in diesen Fällen der Sympathicusreizung
eine Verengung der Gehirnarterien derselben Seite folgte, so sprechen die Versuche dafür, dass die Gefässgebiete der beiden Gehirnhälften trotz vorhandener Anastomosen in gewissem Grade
unabhängig von einander sind, eine Folgerung, zu der auch
Schulten auf Grund der oben (S. 578) erwähnten Experimente
gekommen ist.

Die Versuche, in welchen gleichzeitig mit den Druckwerthen auf Seite der arteriellen Bahn der Venendruck gemessen wurde (2 Katzen, 1 Hund), bestätigen die mitgetheilten Ergebnisse; es trat nämlich zweimal bei Reizung des (isolirten) Sympathicus auf der Seite der Manometer eine Abnahme des venösen Blutdruckes ein, bei gleichzeitiger Zunahme des Druckes im Circulus (Versuch 3 b und 17 a Tab. 3 b); einmal blieb der Venendruck unverändert (Versuch 6 b; in diesem Falle waren während der Reizung beide Carotiden verschlossen).

Anschliessend an diese Ergebnisse soll nun noch die Frage erörtert werden, wie die nach Sympathicusreizung in den meisten Fällen eintretende Steigerung des Aortendruckes zu erklären ist; unter 28 an 7 Kaninchen vorgenommenen Reizungen des Kopfendes des Halssympathicus stieg nämlich der Aortendruck 22 mal im Mittel um 7,7 mm Quecksilber, im Maximum um 21; dies ergiebt eine Steigerung um $1/15$ des Gesammtdruckes, der durchschnittlich 118 mm betrug; 5 mal sank der Druck im Mittel um 3,2, im Maximum um 6 mm; einmal blieb er unverändert[1]).

Zu ähnlichen Ergebnissen gelangte Röver[2]), dem wir ausgedehnte Versuche über diesen Gegenstand verdanken. Er fand, dass durch Reizung des Kopfendes des durchschnittenen Halssympathicus beim Kaninchen eine Erhöhung des Gesammtdruckwerthes ungefähr um den fünften Theil erzielt wird; genauer verhält sich die Erhöhung wie 1 : 1,10 bis 1,33. Jedoch sah auch Röver diese diese Druckerhöhung nicht constant eintreten, sondern beobachtete in manchen Fällen Gleichbleiben oder Sinken des Aortendruckes.

Bei der Katze erhöht sich der Druck bei Sympathicusreizung nach Röver um ein Drittel oder die Hälfte seines Werthes (1: 1,10 bis 1,73 und 1,95); in einigen Versuchen aber sank er im Verhältniss von 1 : 0,79 und 0,72, wobei die Möglichkeit einer gleichzeitigen Reizung des Depressor ausgeschlossen war.

Beim Hunde trat auf Reizung des natürlich oder künstlich vom Nervus vagus isolirten Sympathicus constant eine Druck-

---

1) Die bei der Katze und beim Hunde ausgeführten Reizungen werden wegen der geringen Zahl der Versuche hier nicht berücksichtigt.

2) Gustav Röver, Kritische und experimentelle Untersuchung des Nerveneinflusses auf die Erweiterung und Verengerung der Blutgefässe. Preisschrift. Rostock 1869.

erhebung ein durchschnittlich um die Hälfte seines Werthes (im Verhältniss von 1 : 1,26 bis 1,74 ja in einem Falle auf 2).

Beim Lamm fand Röver eine Erhöhung des Blutdruckes bei Sympathicusreizung im Verhältniss von 1 : 1,11 bis 1,29 im Mittel: 1,17.

Von älteren Beobachtungen über diesen Gegenstand führt Röver folgende an: Schiff sah während der Reizung des Kopfendes des Halssympathicus an dem aus der angestochenen art. laryngea des Kaninchens hervorspritzenden Blutstrahl folgende Veränderung: „In dem Maasse, als die Arterien des Ohres sich verengten, wurde der Blutstrahl aus der laryngea grösser und grösser."

v. Bezold[1]) stellte Versuche an Kaninchen an, welche durch Pfeilgift bewegungslos gemacht und deren Vagi, Sympathici und Halsmark durchschnitten waren. Das Manometer stand mit der Carotis in Verbindung. Der Blutdruck stieg bei Reizung eines Sympathicus um 2 bis 3, bei Reizung beider um 3 bis 4 mm, bei einer durchschnittlichen Höhe des Blutdrucks von 20 bis 30 mm."

Einen Einfluss des Halssympathicus auf den Aortendruck stellen die folgenden Autoren in Abrede:

Stelling[2]): „die Reizung des Kopfendes des durchschnittenen Halssympathicus ruft keine Aenderungen in der Pulsfrequenz hervor; dasselbe gilt vom Blutdruck in der Carotis; höchstens erhebt sich der Seitendruck um einige Millimeter."

Bernhardt[3]) sagt, dass „der Sympathicus allein für sich gereizt, weder in centraler noch in peripherer Richtung sichtliche Aenderung des Blutdruckes und der Pulsfrequenz hervorruft."

Schulten[4]) macht folgende Bemerkung: „Reizung des einen Halssympathicus scheint beim Kaninchen keine so ausgedehnte Gefässcontraction mitzubringen, dass dadurch der Blutdruck nennenswerth erhöht wird (so hat sich wenigstens in einigen von mir angestellten Messungen gezeigt)."

Aus den angeführten Resultaten der verschiedenen Autoren

---

1) v. Bezold, Neue Würzburger Zeitung v. 10. Mai 1866 Nr. 129.

2) C. Stelling, Exp. Untersuchungen über den Einfluss des Nervus depressor auf die Herzthätigkeit und den Blutdruck. Diss. Dorpat 1867.

3) Ed. Bernhardt, Anat. u. physiolog. Untersuchungen über den Nervus depressor bei der Katze. Diss. Dorpat 1868.

4) Schultén, l. c. p. 47.

ergiebt sich, dass die besprochene Wirkung des Sympathicus keine
regelmässig zu erwartende Erscheinung ist und es fragt sich, wie
die positiv ausfallenden Versuche zu erklären sind: genügt die
durch Reizung des Nerven veranlasste Contraction des verhältniss-
mässig kleinen von ihm versorgten Gefässbezirkes zur Erklärung
der beobachteten Steigerung des Aortendruckes; oder wirkt etwa
die durch Sympathicus hervorgerufene Gehirnanämie reizend auf
das Gefässcentrum, welches nun durch Contraction eines grösseren
Gefässbezirkes die Drucksteigerung hervorruft? Gegen letztere
Annahme sprechen zwar die positiven Versuche v. Bezold's, in welchen das Centrum mittelst Durchschneidung des Halsmarkes von
den peripheren Gefässnerven getrennt war; doch dürften diese Versuche in Anbetracht ihrer geringen Anzahl und der unbedeutenden
Erhebung der Quecksilbersäule nicht entscheidend sein. Auf Veranlassung des Herrn Geheim-Rath Heidenhain, der bezweifelte,
dass die Vergrösserung der Widerstände in dem vom Halssympathicus versorgten Gefässgebiete zur Erklärung der beobachteten
Druckerhöhungen ausreiche, stellte ich nun in Breslau noch einige
Versuche mit Reizung des Halssympathicus vor und nach der
Durchtrennung des Halsmarkes an; als Versuchsthiere dienten
2 Kaninchen und 2 Katzen; erstere waren morphinisirt; bei den
Katzen wurde Chloroform und Curare verwendet. Das Ergebniss
der Versuche ist folgendes: beim ersten Kaninchen betrug der Mitteldruck, in der Carotis gemessen, vor der Markdurchtrennung durchschnittlich 115 mm Quecksilber; die Sympathicusreizung hatte, 2 mal
rechts und 2 mal links vorgenommen, durchschnittlich eine Erhöhung um 10 mm zur Folge, zeigte sich aber einmal rechts und
einmal links unwirksam; nach der Durchtrennung des Halsmarkes
sank der Druck auf 70 mm; die Reizung der Sympathici hatte nun
in keinem Falle einen Einfluss auf den Blutdruck.

Zweites Kaninchen: Druck vor Rückenmarksdurchtrennung
120 mm, Drucksteigerung bei Sympathicusreizung durchschnittlich
um 15 mm; linker Sympathicus einmal unwirksam; nach Markdurchtrennung sinkt der Aortendruck auf 40 mm. Sympathicusreizung
rechts und links niemals wirksam.

Bei der ersten Katze, die einen Mitteldruck von 100 mm zeigte,
bewirkte nur der rechte Sympathicus eine Drucksteigerung von
durchschnittlich 20 mm; der linke erwies sich stets unwirksam;
nach der Durchtrennung des Markes sank der Druck auf 60 mm;

und erlitt einmal bei Reizung des rechten Sympathicus eine Zunahme um 8 mm.

Bei der zweiten Katze zeigte sich weder bei Reizung des rechten noch des linken Sympathicus eine Erhöhung des Aortendruckes, der im Mittel 100 mm betrug; um das Thier noch zu benutzen, wurde nun der Einfluss der Abklemmung der linken Carotis (in der rechten lag die Canüle) auf den Aortendruck vor und nach der Durchtrennung des Markes untersucht; vor der Durchtrennung hatte der Verschluss dieses Gefässes eine Drucksteigerung um durchschnittlich 35 mm zur Folge; nachher aber zeigte er sich ganz wirkungslos auf den Blutdruck, der 55 mm betrug. Da nun durch die Sympathicusreizung annähernd dasselbe Gefässgebiet nur verengt wird, welches der Carotisverschluss verlegt, so ist anzunehmen, dass die Sympathicusreizung in diesem Falle, auch wenn sie vor der Durchtrennung des Markes einen erhöhenden Einfluss auf den Blutdruck gehabt hätte, diesen nachher verloren haben würde.

Unter diesen vier Versuchsthieren ist also nur eines, bei welchem die Reizung des Sympathicus nach Durchtrennung des Halsmarkes in geringem Grade pressorisch wirkte und dieser Erfolg trat auch nur einmal während der Reizung des Nerven ein; er kann daher nicht als Beweis dafür gelten, dass die Verengung der Arterien, welche der Halssympathicus versorgt, zur deutlichen Steigerung des Aortendruckes hinreicht; die anderen Versuche sprechen entschieden gegen diese Annahme und es ist somit höchst wahrscheinlich, dass die bei Reizung des peripheren Endes des Halssympathicus beobachteten Steigerungen des Aortendruckes veranlasst waren durch eine Reizung des Gefässcentrums durch Gehirnanämie.

Hierfür sprechen auch noch zwei Beobachtungen Röver's[1]): Er beobachtete nämlich in einem am Hunde ausgeführten Versuche eine Steigerung des Aortendruckes bei Sympathicusreizung, während beide Carotiden verschlossen waren, und zieht daraus folgenden Schluss: „Wir ersehen hieraus, dass die Steigerung des Blutdruckes nicht bloss durch Contraction der Gefässe im Gebiete der Carotiden hervorgerufen wird, sondern dass auch noch Gefässe anderer Stromgebiete eine Verkleinerung ihres Lumens erfahren."

---

1) G. Röver, l. c. p. 55 u. 56.

Ferner findet Röver: „Wo der mittlere Blutdruck niedriger ist, da ist die absolute, wie relative Erhebung des Blutdruckes in Folge der Reizung eine grössere." Hätte nun die auf Sympathicusreizung erfolgende Druckerhöhung den physikalischen Grund der Vergrösserung der Widerstände eines Stromgebietes, so müsste die Drucksteigerung um so bedeutender ausfallen, je höher der Aortendruck ist, da die Dehnbarkeit der Arterien mit steigender Belastung rasch abnimmt und deshalb bei niedrigem Blutdrucke eine Erschwerung des Abflusses eine geringere Druckzunahme bewirken muss, als bei hohem.

Durchscheidung des Nervus vagus und Reizung seines centralen Stumpfes.

Nächst dem Sympathicus wurden auch die beiden anderen mit der Carotis verlaufenden Nerven, vagus und depressor, auf eine allfällige Wirksamkeit auf die Gehirngefässe geprüft; dass im Nervus vagus vasomotorische Fasern verlaufen, welche ihre Peripherie im Kopfe haben, wird von verschiedenen Autoren angegeben [1]: Dupuy fand bei Pferden, Mayer an einem Esel, Colin ebenfalls bei Pferden nach Durchschneidung des Vagus am Halse ausser beständigem starken Schweissen erhöhte Temperatur an der entsprechenden Seite des Nackens, des Kopfes, der Stirn und der Grundfläche des Ohrs. Dupuy sah ferner die Gefässe der Conjunctiva, Mayer die der Nasenschleimhaut dilatirt. Schiff konnte auch beim Kaninchen einen Einfluss des Vagus auf die Temperatur und die Gefässe des Ohrs in demselben Sinne constatiren. Van der Beke Callenfels konnte nach Durchschneidung des Vagus am Halse an den Hirngefässen keine Veränderungen wahrnehmen; während der Reizung des unversehrten Nerven beim Hunde gewahrte er Contraction der Arterien des Gehirns. Dieser Verengerung folgte eine Erweiterung; dagegen war Reizung des centralen Stumpfes resultatlos auf die Hirngefässe.

In meinen an 4 Kaninchen vorgenommenen Untersuchungen war auf Durchscheidung des Nerven am Halse keine Aenderung der Widerstände in der Gehirnbahn zu sehen. Während der Reizung des centralen Stumpfes des durchschnittenen Nerven, die

---

[1] Nach einer Zusammenstellung Röver's, l. c. p. 91—93.)

23 mal ausgeführt wurde (s. Tab. Nr. 4a), blieb w 5 mal unverändert, 4 mal erlitt es eine Zunahme durchschnittlich um 0,02 und 14 mal eine Abnahme um 0,043. Diese Zahlen verbieten jedenfalls die Annahme, dass im Vagus beim Kaninchen Vasomotoren für das Gehirn verlaufen, an welche in Anbetracht der Befunde der genannten Autoren gedacht werden konnte; auch eine Dilatation der Hirngefässe auf Vagusreizung kann auf Grund der 14 mal eingetretenen Abnahme von w nicht angenommen werden, da der Betrag derselben noch innerhalb der angegebenen Fehlergrenzen der Methode liegt. Wir kommen somit zum Schlusse, dass der Vagus beim Kaninchen keine Gefässnerven für die Hirngefässe führt.

In dem beim Hunde vorgenommenen Versuche, in welchem der rechte Vagus in 3, der linke in 2 Theile leicht spaltbar waren, lässt allerdings der Erfolg der Reizung eines Theiles (sinist. II central, Tab. 4 b) auf Erweiterung der Hirngefässe schliessen (Steigen des Venendruckes bei Abnahme des Druckes im Circulus); doch soll auf Grund eines Versuches das Resultat nicht als allgemein giltig bezeichnet werden, zumal da die dritte Reizung des Nerven nicht denselben Erfolg hatte. Auf den Aortendruck hatte die Reizung des centralen Vagusstumpfs folgenden Einfluss: beim Kaninchen trat unter 19 an 4 Versuchsthieren angestellten Messungen 1 mal keine Aenderung, 3 mal Erhöhung des Druckes durchschnittlich um 3 mm, im Maximum um 22 mm ein, 15 mal eine Senkung des Druckes im Mittel um 21 mm Quecksilber, im Maximum um 45 mm. Beim Hunde wirkte die eine Hälfte des linken Nerven pressorisch (Erhebung um 26 mm), die andere depressorisch (Senkung um 25 mm); rechts zeigte nur einer der 3 Theile des Nerven pressorischen Einfluss, die beiden anderen waren unwirksam auf den Aortendruck. Die Versuche bestätigen das Ergebniss von Aubert und Röver[1], „dass der Vagus in Betreff pressorischer und depressorischer Fasern ungleich zusammengesetzt sein kann bei verschiedenen Thierarten, bei verschiedenen Individuen derselben Art und auf beiden Seiten ein und desselben Individuums"[2].

---

1) Aubert u. Röver, Ueber die vasomotorischen Wirkungen des Nervus vagus, laryngeus u. sympathicus. Pflüger's Arch. 1868, Bd. 1, S. 219.

2) Vgl. E. Rey e. V. Aducco. La pressione arteriosa in rapport ocoll' eccitamento del capo centrale del vago (It. Accad. med. di Roma, Anno XIII, 1886—87.

Beim Nervus depressor ist die Frage zu erörtern, ob die reflektorische Wirkung dieses Nerven sich auch auf die Gehirngefässe erstreckt.

Jolly[1]) macht die Angabe, dass die Reizung des Nervus depressor ohne sichtbare Einwirkung auf die Blutgefässe des Gehirns blieb; diese wurden durch ein mittelst Glasplatte verschlossenes Trepanloch beobachtet, während der linke Nervus depressor gereizt wurde und ein in der Carotis (rechts oder links?) befindliches Manometer die Drucksenkung anzeigte.

Stelling[2]) zieht aus einem Versuche, in welchem nach Durchschneidung des Rückenmarkes auf Depressorreizung keine Druckerniedrigung eintrat (der Blutdruck betrug 10 mm Quecksilber), den Schluss, „dass die Erregung des Nervus depressor nicht hemmend auf alle vasomotorischen Nerven einwirkt, sondern nur auf die gewisser Gefässbezirke, und dass bei der Druckerniedrigung alle Gefässe des Kopfes, des Halses und der oberen Extremitäten höchst wahrscheinlich nicht in Betracht kommen".

Dass letzteres der Fall ist, macht eine Erfahrung Dogiel's[3]) wahrscheinlich: er fand nämlich, dass durch Depressorreizung die Stromgeschwindigkeit in der Carotis bedeutend herabgesetzt wird (in einem Versuche bis auf $1/_{14}$ des ursprünglichen Werthes); würde das Stromgebiet der Carotis durch die Depressorreizung auch eine Erweiterung erfahren, so wäre trotz des gesunkenen Blutdruckes die Verlangsamung des Stromes höchst wahrscheinlich keine so bedeutende.

Die Resultate meiner in Tab. 5 mitgetheilten Messungen sind folgende: Bei 6 Kaninchen wurde 10 mal der rechte, 11 mal der linke und 2 mal der rechte und linke Depressor gleichzeitig gereizt; der mittlere Druck betrug vor der Reizung durchschnittlich 113 mm Quecksilber und erlitt durch die Reizung eine Abnahme im Mittel um 34 mm. Unter 11 Fällen, in welchen der Nerv auf Seite der Canülen gereizt wurde, trat 5 mal keine Aenderung von w ein, 3 mal eine Vergrösserung durchschnittlich um 0,05 und 3 mal eine Abnahme um 0,023 im Mittel; nach diesen

1) Jolly, l. c. S. 43.
2) Stelling, l. c.
3) Dogiel, Die Ausmessung der strömenden Blutvolumina. Ber. der k. sächs. Gesellschaft der Wiss. zu Leipzig Bd. XIX, 1867, S. 266.

in die Grenzen der Beobachtungsfehler fallenden Abweichungen haben wir eine Betheiligung der Hirngefässe an der auf Depressorreizung folgenden Gefässerweiterung nicht anzunehmen.

Bei 10 Reizungen des Nerven auf Seite der wegsamen Carotis stellte sich auffallender Weise 9 mal eine Verkleinerung von w um 0,063 ein, nur 1 mal eine Vergrösserung um 0,07; bei der 2 mal vorgenommenen gleichzeitigen Reizung des rechten und linken Nerven nahm w im Mittel um 0,055 ab. In den Fällen, in welchen der Nerv nicht auf der Seite gereizt wird, auf welcher der Druck im Circulus gemessen wird, ergeben also die Versuche eine geringe Abnahme der Widerstände der Gehirnbahn, ein Resultat, welches im Vergleich zu den anderen Versuchen auffallend ist.

Bei 16 Bestimmungen der Druckwerthe nach Ablauf der Depressorwirkung war w 1 mal zum früheren Werthe zurückgekehrt, 7 mal hatte es sich vergrössert um 0,02 im Mittel und 7 mal verkleinert um 0,08, was auf eine geringe Erweiterung der Hirngefässe nach Ablauf der Depressorwirkung schliessen lässt.

Reflectorische Beeinflussung der Gehirnarterien durch dyspnoisches Blut und Reizung sensibler Nerven.

Die Beobachtungen aller Autoren, welche sich mit dem Einfluss der Athmungssuspension auf die Gehirngefässe beschäftigt haben, stimmen darin überein, dass diese eine Vermehrung des Blutgehaltes der Schädelhöhle zur Folge hat. Die meisten dieser Beobachtungen sind mittelst der Methode der direkten Besichtigung der Hirngefässe gewonnen; so beobachtete Donders[1]), dass während der Dyspnoe die Röthung der Pia zunimmt und unter dem Mikroskop immer feinere Aestchen sichtbar werden.

Ackermann[2]) sah im Anfang der Erstickung (Umschnürung des Halses oder isolirte Unterbindung der Trachea) die Rosafarbe des Gehirns allmählich in eine bläulich-rothe, cyanotische übergehen, 10—20 Sekunden vor dem Tode aber eine allmählich immer mehr zunehmende Blässe eintreten, die bis nach dem Tode bedeu-

---

1) Donders, Die Bewegungen des Hirnes und die Veränderungen der Gefässfüllung der Pia mater auch bei geschlossenem und unausdehnbarem Schädel unmittelbar beobachtet. Schmidt's Jahrb. Bd. 69, S. 161. 1851.

2) Ackermann, l. c.

tender wurde; er führt daher die bei der Erstickung auftretenden Convulsionen zum grossen Theil auf Gehirnanämie zurück.

Jolly[1]) fand eine Zunahme der Blutmenge des Gehirns im Anfang der Erstickung; ein Erblassen der Gehirnoberfläche niemals vor, meist einige Zeit nach Eintritt des Todes. Der Hirndruck erleidet nach Jolly beim Aussetzen der künstlichen Respiration eine Steigerung.

Krauspe[2]) sagt in einem Versuchsprotokoll vom Kaninchen: „Athemsuspension erzeugt sehr starke Gefässfüllung und Hervortreten ganz neuer artieller und venöser Gefässstämmchen, die nach 90 Sekunden wieder zu verschwinden beginnen.“

Schultén[3]) beobachtete bei Dyspnoe ein Steigen des Druckes der Cerebrospinalflüssigkeit, dem von der vierten Minute ab eine Senkung folgte; das Steigen des Druckes führt er auf Hemmung des venösen Abflusses zurück: „Durch Sistiren der Respiration wird das vasomotorische Centrum gereizt, die hauptsächliche Wirkung auf das Gehirn beruht aber doch auf der venösen Stase, welche die unterbrochene Respiration mit sich führt.“

Knoll[4]) sah die feinen Zweigchen der art. spinalis post. während der Dyspnoe stärker hervortreten, „was wohl durch das Dunklerwerden ihres Inhaltes bedingt sein dürfte“. An der Druckcurve der Cerebrospinalflüssigkeit beobachtete Knoll ein der Blutdruckcurve analoges Ansteigen; „die Aehnlichkeit beider Curven ist in der Regel eine sehr grosse. Nur in so weit fand ich ein Abweichen, als das Ansteigen an den C.-S.-Curven[5]) öfter früher beginnt als an der Blutdruckcurve, und nach dem Eintreten der Vaguspulse manchmal noch zu einer Zeit anhält, wo dasselbe an der Blutdruckcurve nicht mehr zu bemerken ist. Ersteres erklärt sich aus dem Umstande, dass mit der künstlichen Ventilation ein Hilfsmittel für die Fortbewegung des Venenblutes in Wegfall kommt, und die in Folge dessen sich allmählich ausbildende leichte Stauung in den Venen eine der dyspnoischen Gefässverengerung vorhergehende Drucksteigerung innerhalb der Schädelrückgratskapsel

---

1) Jolly, l. c. S. 53.

2) F. Krauspe, Ueber die reflectorische Beeinflussung der Piaarterien. Virchow's Arch. Bd. 59, S. 488. 1874.

3) Schultén, l. c. Bd. 30, Abth. IV, S. 90.

4) Ph. Knoll, l. c. S. 19 u. 20.

5) Druckcurven der Cerebrospinalflüssigkeit.

bedingen kann. Die zweite Abweichung aber ist nichts anderes als ein Analogon des früher erwähnten Ansteigens der C.-S.-Curven während der direkten oder reflectorischen Vagusreizung". Zusammenfassend äussert sich Knoll: „Auch bei der durch Dyspnoe bedingten Verengerung der Blutgefässe macht sich diese[1]) collaterale Fluxion zu·den Arterien des centralen Nervensystems bemerkbar."

Zu den Beobachtungen Knoll's bemerken Falkenheim und Naunyn[2]), „dass vor der Steigerung des Subarachnoidaldruckes durch Dyspnoe eine geringe Erniedrigung desselben bemerkbar ist, welcher keine gleichsinnige Blutdruckschwankung entspricht; sie meinen daher, dass die Verengung der feineren Hirnarterien bei der Dyspnoe nicht ganz fehlt, dass sie aber wenig energisch ist und bei stärkerer Blutdrucksteigerung bald überwunden wird".

Cramer[3]) sah in Folge von Unterdrückung der Respiration beim Hund eine Steigerung des Druckes in den Gehirnvenen im Verhältniss von 1 : 1,84 bis 4,40 eintreten; beim Einleiten der künstlichen Respiration sowie beim Eintreten des Todes durch Erstickung findet ein Absinken des Druckes weit unter die Norm Statt.

Nach Gaertner und Wagner[4]) ist bei der toxischen Erregung des Gefässnervencentrums durch dyspnoisches Blut die Menge des aus der benützten Gehirnvene ausfliessenden Blutes nicht vermindert, sondern entsprechend der beobachteten Blutdrucksteigerung vermehrt; Verf. schliessen daraus, dass keine Verengerung der Hirngefässe zu Stande kommt.

Zu meinen Beobachtungen übergehend sei Folgendes vorausgeschickt: Dyspnoe wurde bei allen Versuchsthieren durch Zuhalten von Nase und Maul erzeugt. Während der Dyspnoe wurde beim Kaninchen und bei der Katze nicht immer ein Ansteigen des Aortendruckes beobachtet, sondern bisweilen auch Abnahme desselben vom Beginn der Dyspnoe ab (s. Tab. Nr. 6a und 6b).

---

1) Wie bei Reizung sensibler Nerven.
2) Falkenheim u. Naunyn, Ueber Hirndruck. Arch. für exp. Path. u. Pharmak. 1887, Bd. XXII, S. 290.
3) Cramer, l. c.
4) Gaertner u. Wagner, l. c.

Auf die Widerstände in der Gehirnbahn hatte der t e m p o - r ä r e V e r s c h l u s s d e r L u f t w e g e folgenden Einfluss: In neun Versuchen nahm *w* im Mittel um 0,17 ab (Minimum 0,09, Maximum 0,25); zweimal trat eine Erhöhung, einmal um 0,07, einmal um 0,20 ein; das Thier, welches die letztere Steigerung zeigte (Vers. Nr. 9 Tab. 6a), war vor der Dyspnoe durch einen Blutverlust geschwächt; sein Aortendruck betrug 50 mm Quecksilber; es kann daher dieser Versuch als abnorm nicht in eine Linie mit den übrigen gestellt werden; aus diesen aber ergibt sich, dass das Gefälle in der Gehirnbahn während der Dyspnoe eine bedeutende Zunahme erfährt, das Blut mit beschleunigter Geschwindigkeit durch die erweiterten Hirngefässe strömt. Noch bedeutender als während des Verschlusses der Luftwege wird die Dilatation der Hirngefässe nach dem Freigeben derselben; die Abnahme von *w* betrug hier im Mittel 0,19 (Min. 0,08, Max. 0,40).

Ebenso überzeugend für das genannte Verhalten der Hirngefässe sprechen die Versuche, in welchen der Blutdruck gleichzeitig auch auf der venösen Seite der Hirnbahn bestimmt wurde (Tab. 6b); hier bemerkt man ein Ansteigen des Druckes während der Dyspnoe; dass dieses aber nicht ausschliesslich bedingt ist durch Behinderung des Abflusses nach den grossen Venen, geht daraus hervor, dass der Druck im Circulus zu gleicher Zeit relativ kleiner wird; das Auseinandergehen dieser beiden Druckwerthe lässt auf eine Abnahme der Widerstände zwischen Arterien und Venen schliessen. Dass die Zunahme des Venendruckes während der Dyspnoe zum Theil durch Stauung bedingt ist, geht aus dem Versuche Nr. 3b und Nr. 17 (Tab. 6b) hervor, in welchem auf das Freigeben der Luftwege der Venendruck bedeutend sinkt, während das Gefälle auf Seiten der arteriellen Bahn noch beschleunigte Stromgeschwindigkeit anzeigt.

In zwei Fällen, in welchen der Tod des Versuchsthieres durch Abschnüren der Trachea herbeigeführt wurde, konnte beidemal die Beobachtung nicht bis zum Eintritt des Todes fortgesetzt werden (wegen Verlagerung der Canülen durch die Bewegungen des Thieres). Einmal konnte die Angabe A c k e r m a n n's bestätigt werden, dass dem Tode eine Verengerung der Gefässe vorhergeht. 2 Minuten 40 Sekunden nach Abschnürung der Trachea zeigte das Manometer in Aorta und Circulus je 25 mm Druck an, was einen Stillstand der Circulation in der Hirnbahn bedeutet.

Vier Minuten nach Abschnürung der Trachea machte das Thier
die letzte Athembewegung.

Das Resultat dieser Untersuchungen über Dyspnoe stimmt
mit den durch Beobachtung der Hirngefässe am trepanirten Schädel
gewonnenen überein, die alle erhöhte Füllung der Piagefässe ergeben. Auch die am intracraniellen Druck angestellten Beobachtungen bestätigen die Ergebnisse der Blutdruckmessungen; nur
nöthigen diese, den während der Dyspnoe verzeichneten Druckcurven der Cerebrospinalflüssigkeit eine andere Erklärung zu geben,
als sie bisher erfahren haben. Es verbieten nämlich folgende Beobachtungen, das Ansteigen dieser Curven auf eine collaterale
Fluxion zu den Hirnarterien zurückzuführen (K n o l l, G a e r t n e r
und W a g n e r, F a l k e n h e i m und N a u n y n): Erstens die
Erfahrung K n o l l's, dass die Steigerung des Druckes der Cerebrospinalflüssigkeit häufig früher beginnt als die des artiellen Blutdruckes und auch die letztere bisweilen überdauert. Dieses Verhalten findet seine vollständige Erklärung in den Ergebnissen
meiner Druckmessungen, dass mit dem Beginn des Verschlusses
die Luftwege eine active Erweiterung der Gehirnarterien stattfindet,
die noch längere Zeit nach der Aufhebung des Verschlusses anhält. Wäre ferner die Steigerung des Hirndruckes nur eine Folge
des erhöhten Aortendruckes, so würde der Druck im Circulus hie-
bei nicht eine relative Abnahme erfahren; dieser Umstand verbietet
auch, die Steigerung des Hirndruckes ausschliesslich durch Behinderung des venösen Abflusses zu erklären (S c h u l t é n), welche
allerdings dabei betheiligt sein wird.

Reizung sensibler Nerven.

N o t h n a g e l [1] sprach auf Grund von Beobachtung der Hirngefässe bei nicht narkotisirten, sowie bei curaresirten, trepanirten
Kaninchen die Ansicht aus, dass schmerzhafte Reizung sensibler
Nerven eine reflektorische Verengerung der Piagefässe zur Folge
habe; seinen Ergebnissen wurde widersprochen von R i e g e l und
J o l l y [2] die sich theils nicht narkotisirter, theils narkotisirter bezw.
curaresirter Thiere bedienten. Schliesslich hat K r a u s p e [3] die

---

1) N o t h n a g e l, l. c. S. 210.
2) R i e g e l u. J o l l y, l. c.
3) K r a u s p e, l. c.

Nothnagel'sche Ansicht wieder verfochten auf Grund zweier positiver Versuche, denen er besondere Beweiskraft beilegt, trotzdem in der grössten Zahl seiner Versuche keine reflektorische Verengerung der Hirngefässe zu sehen war.

Jolly[1]) beobachtete bei Reizung sensibler Nerven eine Steigerung des Hirndruckes, welche er auf die Veränderung im Typus der Athmung zurückführt, „durch welche gleichzeitig der arterielle Druck erhöht und der venöse Rückfluss erschwert wird." Ob die reflektorische Verengung der Gefässe sich auch auf die des Gehirns erstreckt, lässt er unentschieden.

Knoll[2]) sah ebenfalls ein Ansteigen des Gehirndruckes während der Reizung des nerv. ischiadicus, sowie ein Anschwellen der art. spinal. post; er führt beides zurück auf collaterale Fluxion zum Gehirn und nimmt an, dass die Gehirnarterien sich am Zustandekommen der reflektorischen Blutdrucksteigerung nicht betheiligen.

Cramer[3]) konnte bei Reizung sensibler Nerven keine Aenderung des Druckes in der Gehirnvene constatiren.

Gaertner und Wagner[4]) finden bei der reflektorischen Erregung des Gefässnervencentrums durch Reizung sensibler Nerven den Blutstrom aus der angeschnittenen Gehirnvene nicht vermindert, sondern entsprechend der beobachteten Blutdrucksteigerung vermehrt; sie nehmen daher an, dass keine Veränderung der Hirnarterien zu Stande kommt.

Meine Versuche über diese Frage sind angestellt an 5 Kaninchen (11 Reizungen), 1 Katze, 1 Hund; gereizt wurde der Nervus cruralis, theils blossgelegt, theils durch die Haut hindurch mit Inductionsströmen; bei den Kaninchen betrug die hierdurch erzeugte Steigerung (Tab. 7 a) des Aortendruckes durchschnittlich 14 mm Quecksilber; w erlitt 2 mal keine Veränderung, 4 mal eine Zunahme um 0,037 im Mittel und 5 Mal eine Abnahme um 0,034. Da diese Zahlen innerhalb der Fehlergrenzen der Methode liegen und nach verschiedenen Richtungen abweichen, muss aus den Versuchen geschlossen werden, dass durch Reizung sensibler Nerven die

---

1) Jolly, l. c.
2) Knoll, l. c. S. 245.
3) Cramer, l. c.
4) Gaertner u. Wagner, l. c.

Innervation der Gehirngefässe nicht geändert wird; dasselbe Ergebniss hatten die an der Katze und am Hunde angestellten Versuche (Tab. 7 b).

Einwirkung pharmakologischer Stoffe.

Von solchen wurden bezüglich ihrer Wirkung auf die Hirngefässe untersucht: Morphium, Chloroform und Amylnitrit; endlich wurde ein Versuchsthier durch Einathmung von Leuchtgas
getödtet.

Der Einfluss des Morphiums wurde in der Weise untersucht,
dass dem nicht narkotisirten Thiere nach vorgenommener Verbindung der Carotis mit den Manometern, 0,025 gr Morphium hydrochl.
in 3 ccm Wasser gelöst in die vena submentalis eingegossen wurden. Das Gefälle der Gehirnbahn zeigte bald eine Abnahme, bald
eine Steigerung der Geschwindigkeit an (s. Tab. 8), jedoch keine
gleichbleibende Aenderung nach der einen oder anderen Richtung;
es kann also nach diesem Versuche dem Morphium kein besonderer Einfluss auf die Hirngefässe zugeschrieben werden; die in der
Tabelle verzeichneten, nicht unerheblichen Aenderungen von w
kommen auch an dem sich selbst überlassenen Thiere zur Beobachtung und sind der Ausdruck des beständigen Wechsels der
Strömungsgeschwindigkeit des Blutes, den Dogiel[1]) durch die
Stromuhr nachgewiesen hat.

Gaertner und Wagner[2]) kamen bei der Messung der Aus-
flussgeschwindigkeit des Blutes aus der angeschnittenen Gehirnvene bei Morphiumintoxication zur Anschauung, dass diesem Nar-
koticum keine erweiternde Eigenschaft auf die Hirngefässe zu-
komme.

Das Chloroform bringt am Blutstrome des Gehirns eine
erhebliche Beschleunigung hervor, wie meine Versuche in Ueber-
einstimmung mit denen von Gaertner und Wagner zeigen. Mit
der Einathmung der Dämpfe steigt der Aortendruck, während der
Druck im Circulus nicht die entsprechende Zunahme erfährt oder
trotz des steigenden Aortendruckes sinkt (Versuch 10 a); bei 4 an
2 Kaninchen angestellten Versuchen wurde w im Mittel um 0,20
kleiner; nicht so bedeutend war die Abnahme beim Hunde. Wird

---

1) Dogiel, l. c.
2) Gaertner u. Wagner, l. c.

das Chloroform bis zum Tode gereicht, so tritt kurz vor demselben wieder eine Verengung der Hirnarterien ein (Versuch 10 b und 16 b): eine Bestätigung der gleichsinnigen Angabe Ackermann's[1]).

Vom Amylnitrit haben Gaertner und Wagner[2]) deutliche Erweiterung der Hirngefässe beobachtet, die aber nicht so beträchtlich war, wie beim Chloroform. Die Tab. 8 zeigt die an 2 Kaninchen damit angestellten Versuche, die aber nicht übereinstimmen; der erste nämlich lässt eine bedeutende Dilatation der Hirngefässe erkennen; während vor der Einathmung von 8 Tropfen Amylnitrit die Druckwerthe in Aorta und Circulus 118 bezw. 80 mm Quecksilber betrugen, war 70 Sekunden nach Beginn der Einathmung der Druck im Circulus auf 60 gesunken, der Aortendruck auf 137 mm gestiegen; ähnliche Wirkung hatte eine weitere Verabreichung von 5 Tropfen. Beim zweiten Versuchsthiere (Nr. 13) konnte während der Inhalation von 8 Tropfen Amylnitrit keine wesentliche Aenderung der Gefässbahn des Gehirns beobachtet werden.

Zum Versuche der Leuchtgasvergiftung veranlasste die Angabe Ackermann's[3]), dass bei derselben die Hirngefässe ein ganz anderes Verhalten zeigen, als bei den übrigen Todesarten; bei diesen soll dem Tode eine Gehirnanämie vorausgehen; der Kohlenoxydvergiftung aber eine Hyperämie, die noch lange Zeit nach dem Tode in unveränderter Stärke besteht.

Klebs[4]) beobachtete bei der Obduction von Individuen, welche an Kohlenoxydvergiftung gestorben waren, eine auffallende Dilatation der Hirngefässe.

Thatsächlich sehen wir nun im Versuch Nr. 13 (Tab. 8) 20 Sekunden vor dem Tode eine Dilatation der Hirngefässe eintreten, die bis kurz vor dem Tode beobachtet werden konnte.

---

1) Ackermann, l. c.
2) Gärtner u. Wagner, l. c.
3) Ackermann, l. c.
4) Klebs, Ueber die Wirkung des Kohlenoxyds auf den thierischen Organismus. Virchow's Arch. für path. An. Bd. XXXII, S. 450. 1865.

Anhang.

Einfluss der Verschliessung von Gehirnarterien auf den Druck des Circulus.

Die Bedeutung der Anastomosen der Gehirnarterien an der Schädelbasis für die Blutversorgung des Gehirnes wird verschieden beurtheilt, doch sprechen sich die meisten Beobachter dahin aus, dass die beiden Gehirnhälften, trotz der bestehenden Gefässanastomosen, in Bezug auf die Versorgung mit arteriellem Blute in gewissem Grade unabhängig von einander sind.

Kussmaul und Tenner[1]) schliessen aus den Symptomen der Carotisunterbindung beim Menschen, „dass sich die normale Circulation nach Unterbindung der einen Carotis nicht oder unvollständig durch den Circulus arteriosus wieder herstellt".

Cramer[2]) constatirte, dass beim Hunde auf Compression der Carotis der Druck in den Gehirnvenen derselben Seite eine Abnahme um 20—40 %, im Mittel um 29 % erleidet, dass die Compression der Carotis der anderen Seite dagegen eine Druckabnahme von nur 2—10, im Mittel 8 % zur Folge hat.

Schultén[3]) fand, dass der intraoculare Druck bei Ligatur der Carotis derselben Seite im Augenblick der Unterbindung um 8 bis 12 mm Quecksilber sinkt, um sich nach Aufhebung der Ligatur ebenso schnell wieder zum früheren Werthe zu erheben; Ligatur der Carotis auch auf der anderen Seite setzt den Druck nur um ein paar Millimeter weiter herab[4]).

Dogiel[5]) fand beim Kaninchen und Hunde keine Vermehrung der Stromgeschwindigkeit in der Carotis, wenn er die der anderen Seite verschloss; „danach scheint es, als ob die Stromgebiete der beiden Carotiden wesentlich von einander unabhängig seien. Diese Unabhängigkeit braucht jedoch nicht immer vorhan-

1) Kussmaul u. Tenner, Untersuchungen über Ursprung und Wesen der fallsuchtartigen Zuckungen bei der Verblutung, sowie der Fallsucht überhaupt. Moleschott's Unters. zur Naturlehre des Menschen und der Thiere. 1857. S. 36.

2) Cramer, l. c.

3) Schultén, l. c. S. 41.

4) Ueber den Einfluss der Carotisligatur auf den Druck in der Art. ophthalmica s. S. 39.

5) Dogiel, l. c.

den zu sein, entsprechend den zahlreichen Abweichungen im Bau der Gefässe."

Beim Pferde hatte L o r t et eine Zunahme der Stromgeschwindigkeit in der Carotis bei Compression der anderen beobachtet. J o l l y[1]) macht über diesen Punkt widersprechende Angaben, veranlasst durch 2 verschiedene Experimente. Bei Besichtigung der Piagefässe am Kaninchen und Hunde trat „in keinem Falle weder bei Compression beider Carotiden eine Aenderung im Blutgehalt beider Hemisphären, noch bei einseitiger Compression ein Unterschied in der Injection der beiden Seiten der Beobachtung entgegen"; — „es muss also der Ausgleich der Blutströmung ein äusserst rascher und ergiebiger sein." In einem anderen Versuche J o l l y's wurde beim Kaninchen verdünntes Rinderblut durch eine Carotis nach dem Gehirn zu injicirt und es zeigte sich eine Zunahme der Durchmesser von Arterien und Venen auf der künstlich durchströmten Seite; auch zeigte hier das Blut eine hellere Farbe in den Venen, als auf der anderen Seite; daraus schliesst J o l l y, „dass der durch eine Carotis eindringende Blutstrom eine relative Unabhängigkeit von dem von der anderen Seite herkommenden zu bewahren vermag und dass in der einen Hemisphäre eine beträchtliche Hyperämie producirt werden kann, ohne dass in der anderen gleichzeitig die Blutmenge in sichtbarer Weise zunimmt."

Das Ergebniss der in Tabelle 9 a und b zusammengestellten Versuche ist, dass in allen Fällen der Druck im peripheren Ende der einen Carotis durch die Abbindung der anderen eine plötzliche Senkung erleidet, die während der nächsten Sekunden theils zutheils abnimmt; bei Kaninchen, Katze und Hund ist also in keinem Falle die Abbindung einer Carotis ohne Einfluss auf den arteriellen Druck in der anderen Gehirnhälfte, doch ist das Maass der Beeinflussung ein sehr wechselndes, wie sich bei der individuellen Verschiedenheit der Gefässanastomosen erwarten lässt. In den an der Katze und am Hunde angestellten Versuchen sieht man mit dem Sinken des Druckes im Circulus eine Abnahme des Venendruckes einhergehen.

Der Allgemeindruck stieg nach Verschluss der zweiten Carotis beim Kaninchen im Mittel um 11, bei der Katze um 12, beim

---

1) J o l l y, l. c. S. 31 u. 50.

Hunde um 31 mm Quecksilber. Dass diese Erhöhung zum Theil auf Reizung des Gefässnervencentrums durch Gehirnanämie zurückzuführen ist, lehren die S. 585—586 beschriebenen Versuche, in welchen nach Durchtrennung des Halsmarkes Verschluss der zweiten Carotis ohne Einfluss auf den Aortendruck war.

Nach dem Freigeben der zweiten Carotis zeigt der Druck im Circulus in den meisten Fällen einen relativ geringeren Werth, als vor dem Verschlusse; umgekehrt wird der Venendruck höher, so dass wir eine Dilatation der Hirngefässe als Folge des Carotisverschlusses annehmen müssen.

Corin[1]) hat unlängst die Angabe gemacht, dass bei Abbindung aller vier Gehirnarterien der Druck im Circulus niemals auf den Werth 0 sinke, beim Hunde sogar nur eine rasch vorübergehende Abnahme erleide, und bisweilen während des Verschlusses seine ursprüngliche Höhe übersteige[2]).

Ve̦rschluss   Oeffnung
| der Arterien. |

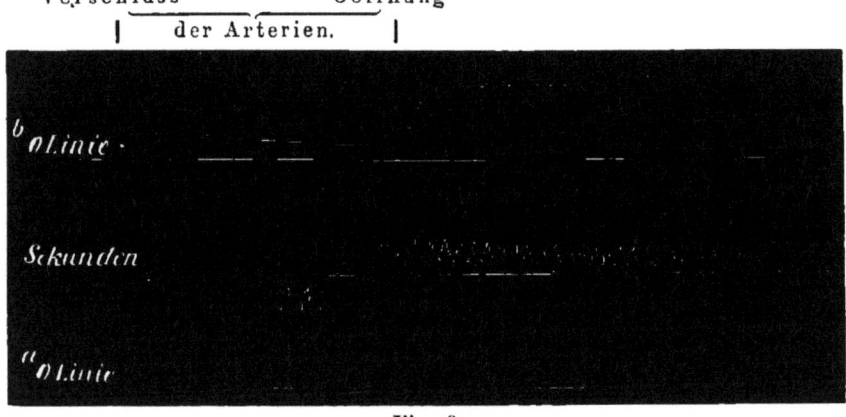

Fig. 6.
Kussmaul-Tenner'scher Versuch.
a) Druck im centralen Ende der Carotis.
b)   „   „   peripheren „   „   „
Zwischen der rechten und linken Abtheilung der Curven liegt die Zeit von 18 Sekunden.

Dass während des Kussmaul-Tenner'schen Versuches

1) G. Corin, Sur la circulation du sang dans le cercle artériel de Willis. Bull. de l'Acad. voy. de Belgique. 3e série. T. XIV Nr. 7, 1887.

2) Leider fehlen Angaben über das gleichzeitige Verhalten des Aortendruckes, über welchen bei jedem Versuche nur eine summarische Angabe vorliegt.

beim Kaninchen der Druck im Circulus nicht auf 0 sinkt, konnte ich in 4 an 2 Kaninchen angestellten Beobachtungen bestätigen (Tab. 9 a und -b); doch betrug sein Werth kurz vor dem Ausbruch der Krämpfe im höchsten Falle 14 mm Quecksilber bei einem Aortendrucke von 156; sein niedrigster 3 mm bei 184 mm Aortendruck; in allen Versuchen fiel der Druck vom Moment des Verschlusses an gleichmässig ab (s. Fig. 6) und die Abnahme hielt über die Dauer des Verschlusses an, so dass bei den beiden Kaninchen keine Ausbildung eines collateralen Kreislaufes beobachtet werden konnte. Der Aortendruck erlitt durch den Verschluss sämmtlicher Gehirnarterien eine Steigerung um durchschnittlich 70 mm Quecksilber; nach dem Aufheben des Verschlusses zeigt der Vergleich der beiden Druckwerthe eine in einem Falle sehr erhebliche Dilatation der Hirngefässe an, eine Beobachtung, welche K u s s m a u l und T e n n e r [1]) an den blossgelegten Hirngefässen gemacht hatten.

Bei der Ausführung der Thierversuche haben mich die Herren W i l h e l m   G l é i s s aus Hamburg und F r a n z   H o f m e i s t e r aus Tübingen unterstützt, wofür ich ihnen meinen besten Dank ausspreche.

N a c h t r a g.

Eine nach Abschluss der vorliegenden Arbeit erschienene Abhandlung von A r l o i n g [2]) gibt zu einer nochmaligen Besprechung der hier verwendeten Untersuchungsmethode Veranlassung, indem jene ein absprechendes Urtheil über die Brauchbarkeit der Methode enthält, welches folgendermaassen lautet:

„Il faut se persuader que l'on emploie un procédé assez imparfait et qu'il est impossible, à l'aide des renseignements qu'il nous fournit, de préciser la durée et les phases de l'action vasomotrice."

---

1) K u s s m a u l u. T e u n e r, l. c.

2) A r l o i n g, Note sur les rapports de la pression à la vitesse du sang dans les artères pour servir à l'étude des phénomènes vasomoteurs. Archives de Physiologie V. Série, T. I, No. 1—2. 1889. S. 115.

Zu diesem Resultate kommt A r l o i n g durch folgende Versuche: er registrirt gleichzeitig an einem Esel den Seitendruck in
der Carotis sowie den Druck im peripheren Ende der art.
facialis mittelst des Sphygmoscops, ferner die Geschwindigkeit in der
Carotis mittelst des Hämodromographen von Chauveau. Wird nun
das Kopfende des isolirten Halssympathicus gereizt, so zeigen
beide Manometer eine Erhöhung des Druckes, der Dromograph
aber eine Abnahme der Geschwindigkeit an. Der Druck in beiden
Manometern beginnt aber bald wieder zu sinken, während an den
Curven des Dromographen noch lange Zeit die Abnahme der Geschwindigkeit zu sehen ist; beispielsweise begann in einem Versuche, dessen Curven die der A r l o i n g'schen Arbeit entnommene
Figur 7 wiedergibt, bei einer Reizung des Halssympathicus von

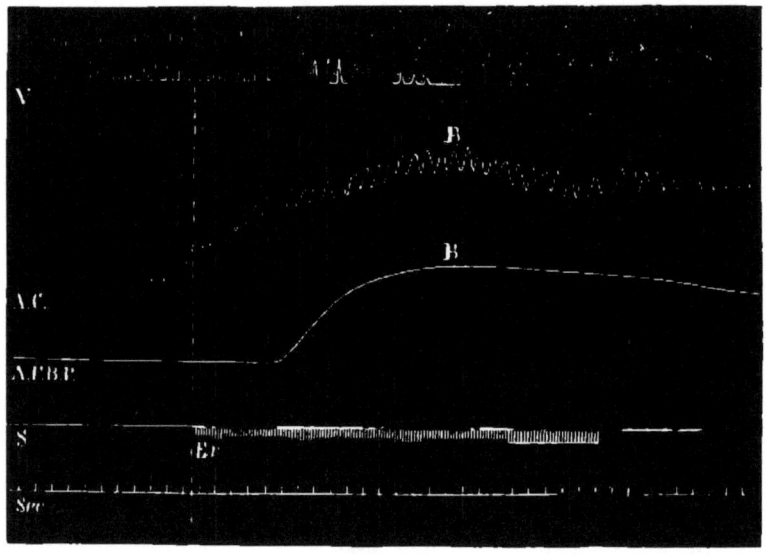

Fig. 7.

Ex: Début de l'excitation du sympathique; A.F.B.P., pression dans le bout
périphérique de l'artère faciale de l'âne; A.C., pression dans la carotide; V,
tracé de la vitesse du sang dans la carotide; B, B points où la pression
commence à baisser.

24 Sekunden Dauer, der Druck bereits nach 14 Sekunden wieder
zu sinken, während die Curven der Geschwindigkeit zeigten, dass
die Gefässcontraction 32 Sek. nach der Reizung sich noch nicht
verändert hatte. Aus diesem und einigen ähnlichen Experimenten
zieht A r l o i n g folgenden Schluss: Die Messung des arteriellen

Druckes zum Zwecke des Studiums der Gefässinnervation kann
die Messung der Geschwindigkeit nicht ersetzen; denn es beginnt
der arterielle Druck bereits wieder zu sinken zu einer Zeit, wo
die Curven der Geschwindigkeit noch eine energische Contraction
der Gefässe anzeigen und man demgemäss kein Sinken des Druckes
erwarten sollte; letzteres erklärt A r l o i n g dadurch, dass collaterale Bahnen und zwar die andere Carotis und die Vertebral-
arterien durch den erhöhten Druck mechanisch oder physiologisch
(reflectorisch) erweitert werden und das angehäufte Blut abfliessen
lassen.

Gegen A r l o i n g's Versuche und Schlüsse glaube ich aber
folgende Einwände erheben zu müssen:

In der hier abgebildeten Figur A r l o i n g's beginnt das
Steigen des Druckes in der Carotis schon 1½ Sekunden vor der
Sympathicusreizung, kann also nicht, wenigstens nicht von Anfang
an die Folge der Nervenreizung sein. Diese macht sich vielmehr
an den Curven des Druckes im peripheren Ende der art. facialis
sowie an den Curven der Geschwindigkeit erst mehrere Sekunden
nach Beginn der Sympathicusreizung bemerkbar. Wäre das Steigen
des Druckes in der Carotis eine Folge der Contraction ihrer peripheren Gefässe, so müsste die Drucksteigerung in der art. facialis
früher zum Ausdruck kommen als in der Carotis oder müssten
wenigstens beide Curven gleichzeitig steigen. Es combiniren sich
also hier Aenderungen des Aortendruckes mit Aenderungen der
Widerstände in der Bahn der Carotis und in diesem Falle ist, wie
der erste Theil dieser Abhandlung zeigt, mittelst der manometrischen Methode ein Schluss auf die Aenderungen des Gefässtonus
nur möglich, wenn eine Bestimmung des mittleren Druckes an
zwei Punkten des carotischen Stromgebietes vorgenommen wird.

Ob aber das periphere Ende der art. facialis der eine geeig-
nete Punkt hierzu ist, hängt von der Frage ab, ob wir durch dasselbe den Druck im Verlaufe der Carotis messen können; dies
wird insofern möglich sein, als die art. facialis Anastomosen hat
mit den Arterien der Augenhöhle, die nach Abschnürung der
Facialis den Blutstrom für das Verzweigungsgebiet der letzteren
liefern (ausserdem existiren noch Anastomosen mit der art. facialis der
anderen Seite); da aber die Anastomosen der art. facialis mit der
ophthalmica sehr dünne sind und somit leicht erhebliche Widerstandsänderungen in ihnen vorkommen, kann das periphere Ende

der Facialis nicht als ein geeigneter Punkt zur Druckmessung bezeichnet werden; diesem Zwecke dürfte etwa ein dem Ursprung
der Facialis nahe gelegener Seitenast der Arterie entsprechen.
Das periphere Ende einer Arterie ist eben nicht unter allen Um-
ständen geeignet, Aufschluss über den Tonus der Gefässe zu
geben, sondern nur in dem Falle, wenn es als Seitenzweig der
Arterienbahn betrachtet werden kann, an deren Anfang der Druck
gemessen wird.

Was endlich die Thatsache anlangt, dass in der hier wieder-
gegebenen und noch deutlicher in anderen Curven Arloing's nach
der Sympathicusreizung der Seitendruck im Stamme der Carotis
abnimmt, bevor die Geschwindigkeit in dieser Arterie ihren früheren Werth wieder erreicht, so sehe ich hierin eine weitere Bestätigung der im Verlaufe dieser Arbeit (s. S. 586) entwickelten
Ansicht, dass nämlich die nach der Sympathicusreizung auftretende
Drucksteigerung in der Carotis nicht ausschliesslich veranlasst sein
kann durch Verengerung der Blutgefässe der betreffenden Kopf-
hälfte, sondern dass auch andere Gefässgebiete zu derselben bei-
tragen. Die Erhöhung des Tonus der letzteren hält aber augen-
scheinlich nicht so lange an als die Zusammenziehung derjenigen
Gefässe, welche vom Nervenreiz direkt getroffen worden sind und
so ist es leicht erklärlich, dass das Absinken des Druckes nicht
Hand in Hand geht mit einer Zunahme der Geschwindigkeit. Da
somit in diesen Versuchen der beobachtete Wechsel des Seitendruckes in der Carotis das Resultat ist von Aenderungen des Widerstandes in ihrem Stromgebiet und Aenderungen der treibenden Kraft,
so kann man den von Arloing ausgesprochenen Bedenken gegen
die folgenden Marey'schen Sätze nicht beipflichten: 1) „Tout ce
qui accroît ou diminue la force qui pousse le sang du coeur vers
la périphérie fait varier dans le même sens la vitesse du sang et
la tension artérielle; 2) tout ce qui accroît ou diminue les résistan-
ces que le sang éprouve à sortir des artères fera varier la vitesse
et la tension artérielle en sens inverse l'une de l'autre"[1].

---

1) Marey, l. c. p. 321 u. 322.

Tabelle 1.

Versuchs-Nr.	Blutdruck im centralen Ende der Carotis	Blutdruck im peripheren Ende des Carotis: Carotis interna u. externa offen	externa geschlossen	interna geschlossen	
1	100	77			
	89		78,5		
	88			68	
2	73	57			
	72		71		
	69			39	
4	112	40	72	20	
6	147	90	100	90	(Katze)
9	84	46			
	65			12	
	74		54		
10	126	70	90		
11	125	50	82		
12	110	39	35		
		40	40		
13	95	34	44		
16	122	75	85		
18	114	49	72		

Tabelle 2.

Compression der Bauchaorta

Versuchs-Nr.	Vor der Compression: Car. ctr.	Car. per.	C. per. / C. ctr.	Während der Compression: Car. ctr.	Car. per.	C. per. / C. ctr.	Nach der Compression: Car. ctr.	Car. per.	C. per. / C. ctr.	
1	89	78,5	0,88	101	86	0,85	95	83,5	0,88	
2	73	71	0,97	97	97	1,0	58	57	0,98	
				119	117	0,97				
				129	127	0,97				
				137	135	0,98				
4	102	70	0,68	140	90	0,64				
	102	70	0,68	130	83	0,64				
	107	68	0,63	133	83	0,62				
11	106	72	0,68	129	88	0,68	114	74	0,65	
	114	81	0,71	155	104	0,67	100	69	0,69	
12	114	44	0,37	136	51	0,37	88	33	0,37	Ni. sympath.
	130	41	0,31	150	53	0,35	100	39	0,39	durchschnitten.
15	130	93	0,71	160	119	0,74	118	83	0,70	
16	120	85	0,70	135	95	0,70				
	123	80	0,65	143	95	0,66				
				136	90	0,64	114	83	0,72	
18	126	90	0,71	130	94	0,72	115	80	0,70	

Tabelle 3a.
Reizung der Nervi sympathici.

Versuchs-Nr.	Vor der Reizung — Car. ctr.	Car. per.	$\frac{\text{C. per.}}{\text{C. ctr.}}$	Reizung des Sympath. dext. — Car. ctr.	Car. per.	$\frac{\text{C. per.}}{\text{C. ctr.}}$	Reizung des Sympath. sinist. — Car. ctr.	Car. per.	$\frac{\text{C. ctr.}}{\text{C. per.}}$	Nach der Reizung — Car. ctr.	Car. per.	$\frac{\text{C. per.}}{\text{C. ctr.}}$	Bemerkungen
1	87	36	0,41	90	59	0,65				82	43	0,52	Ein Manometer in Carot. dext. central; das zweite in Car. sin.-peripher; Gehirn nur durch Vertebralarterien versorgt. Beide Manom. in Car. dext.; bei Versuch 1 u. 4 beide Manometer in Carotis dextra.
	70	31	0,44	74	48	0,65				81	33	0,40	
	115	85	0,73	129	97	0,75				118	79	0,67	
4	111	39	0,35	110	51	0,46	104	31	0,30	119	37	0,31	Ni. sympath. gleichzeitig gereizt.
12	100	30	0,30	97	53	0,54	94	69	0,73	110	30	0,27	Manometer in Carotis dextra.
	103	29	0,28	88	70	0,80	108	87	0,80	116	41	0,35	
13	82	64	0,78	95	76	0,80	90	70	0,77	84	64	0,76	Ni. sympath.
	85	63	0,74	105	59	0,56	92	72	0,78	83	65	0,78	Ni. depress. durchschnitten. Manometer in Carot. sinist.
	107	48	0,45	124	92	0,74	117	76	0,65	113	51	0,45	Man. in Car. dext.
	118	74	0,62	120	74	0,61	122	88	0,72	116	73	0,63	
	118	84	0,71	118	74	0,63	124	86	0,70	118	71	0,60	
15	116	71	0,61	128	74	0,58	118	80	0,67	118	70	0,59	Manom. in Carot. sin.
16	116	73	0,63	135	82	0,60	130	103	0,79	117	74	0,63	Ni. depressores durchschnitten.
	118	71	0,60	140	80	0,57	118	94	0,78	114	67	0,58	Ni. vagi durchschnitten.
	118	70	0,59	130	89	0,68	112	88	0,78	118	72	0,61	Man. in Car. sin.
	114	67	0,58	124	84	0,67	116	86	0,74	130	78	0,60	
	118	72	0,61							124	84	0,67	
18	126	81	0,64							115	80	0,69	Beide Ni. depress. durchschnitten.
	118	67	0,57							116	78	0,66	
	116	78	0,67	124		0,67				124	90	0,72	

Tabelle 3b.

Reizung der Nervi sympathici.

Versuchs-Nr.	Vor der Reizung					Während der Reizung					Nach der Reizung					Bemerkungen
	Car. ctr.	Car. per.	Vene	C. per. / C. ctr.	Vene / C. ctr.	Car. ctr.	Car. per.	Vene	C. per. / C. ctr.	Vene / C. ctr.	Car. ctr.	Car. per.	Vene	C. per. / C. ctr.	Vene / C. ctr.	
									a) Katze.							
3 a	146	102	4	0,70	0,027	134	93	4	0,70	0,030	134	83	4	0,62	0,030	Man. in Car. bezw. V. jug. dext. a) Symp. sin. b) S. dext. gereizt.
3 b	143	89	5	0,62	0,035	142	102	4	0,72	0,028						
6 a	160	83		0,50	0,070	168	126		0,75	0,070	165	97		0,58	0,070	Manom. rechts. b) Reizung des Symp. sin. nach Abklemmung der Carot. sin.
6 b	160	44	11,2	0,27		160	53	11,2	0,33		160	43	11,2	0,27		
14	180	101		0,56		180	123		0,68		182	92		0,50		Canülen rechts; Symp. dext. ger.
	174	95		0,54		176	115		0,65		180	87		0,48		
									b) Hund.							
17 a	158	70	23,0	0,44	0,14	158	90	21,8	0,57	0,13	154	71	29,2	0,46	0,18	Manom. rechts; rechter Symp. ger. b) ½ Stunde nach a).
17 b	165	89	7,8	0,54	0,047	168	91	6,5	0,54	0,038	170	86	10,0	0,50	0,058	

Tabelle 4 a.

Reizung des centralen Stumpfes des Nervus Vagus.

Versuch Nr.	Vor der Reizung C. ctr.	C. per.	per. ctr.	Reizung des Vag. dexter C. ctr.	C. per.	per. ctr.	sinist. C. ctr.	C. per.	per. ctr.	Nach der Reizung C. ctr.	C. per.	per. ctr.	
13	92	70	0,76	64	50	0,78				76	58	0,76	Man. in Car. sin
				74	56	0,75							
15	109	85	0,78	97	75	0,77	98	73	0,74	125	98	0,78	Man. in Car. dext.
	132	101	0,76	110	85	0,77	125	95	0,76				Ni. symp. und depress. durchschnitten.
	123	95	0,77	79	47	0,60	101	79	0,78				
	128	101	0,82				128	96	0,75				
	142	110	0,77										
16	123	75	0,61				112	72	0,64	120	65	0,54	Man. in Car. sin. Ni. symp. u. depress. [durchschnitten.
	145	96	0,66							127	79	0,62	
	88	51	0,58							88	52	0,59	
16	118	77	0,65	64	36	0,56	118	75	0,63	128	79	0,61	stärkere Ströme.
	118	77	0,63	109	68	0,62				122	76	0,62	
	120	75	0,63	94	54	0,57	150	81	0,54	124	84	0,66	
	128	79	0,64				124	65	0,52	120	79	0,63	
	125	78	0,61				132	77	0,58	125	70	0,56	
	128	76	0,62				119	82	0,58	138	81	0,59	
18	119	82	0,63	127	78	0,61	124	65	0,52	198	88	0,59	schwächere Ströme,
	125	79	0,59				132	77	0,58	88	70	0,69	Man. in Carot. sin.
	128	76	0,56				119	82	0,69	81	70	0,73	Vag. ist in 2 Theile gespalten.
	119	78	0,59				94	69	0,73	102	77	0,68	Vag. I.
	110	78	0,71				92	62	0,67	112	77	0,67	Vag. II. 2. Reizung ohne Erfolg.
	114	78	0,68				105	76	0,72	125	86	0,68	
	113	78	0,69										

Tabelle 4 b.

Versuch Nr. 17 grosser Hund.

Reizung der einzelnen Theile der centralen Enden der Nervi vagi:

	vor					während					nach der Reizung					
	C. ctr.	C. per.	Vene	C. per./C. ctr.	Vene/ctr.	C. ctr.	C. per.	Vene	C. per./C. ctr.	Vene/cts.	C. ctr.	C. per.	Vene	C. per./C. ctr.	Vene/C. ctr.	
1	170	100	12	0,59	0,070	186	110	17,5	0,59	0,094	175	103	15	0,59	0,86	Vag. sin I c.
2	152	68	18,2	0,44	0,12	180	87	23,4	0,48	0,13	155	77	25,0	0,49	0,16	„ „
3	170	88	9,1	0,51	0,053	206	94	12,0	0,45	0,058	168	92	9,2	0,54	0,054	stärkere Ströme. sin II ctr.
1	164	78	13,8	0,47	0,084	140	59	15,6	0,42	0,111	160	77	15,0	0,48	0,093	Pulsverlangsam.
2	154	75	25,2	0,49	0,163	128	55	23,5	0,42	0,183	145	70	23,7	0,48	0,163	„
3	165	90	8,4	0,54	0,051	140	78	6,2	0,55	0,044	148	83	8,1	0,56	0,065	„

Bei den Reizungen 1 waren 2 und 3, sowie die Vag. dext. intakt, bei 2 und 3, sowie bei den folgenden Beobachtungen beide Vagi durchschnitten.

	vor					während					nach der Reizung					
1	145	72	27	0,50	0,18	166	73	24,8	0,44	0,15	160	78	31,2	0,48	0,19	dext. I ctr.
2	160	78	9,8	0,48	0,061	168	89	11,0	0,53	0,065	158	87	7,5	0,55	0,047	„ „
1	160	72	35	0,45	0,22	160	72	34	0,45	0,21	160	72	20	0,45	0,12	dext. II ctr.
2	152	89	6,6	0,58	0,043	158	88	7,9	0,55	0,050	164	90	8,2	0,55	0,050	„ „
1	158	70	23,0	0,44	0,14	158	90	21,8	0,57	0,13	154	71	29,2	0,46	0,18	dext. III. etr.
2	165	89	7,8	0,54	0,047	168	91	6,5	0,54	0,038	170	86	10,0	0,50	0,058	„ „

Tabelle 5.

Reizung des Nervus depressor.

Versuchs-Nr.	Vor der Reizung			depr. dextr.			sinister g.			Nach der Reizung			Bemerkungen
	C. ctr.	C. per.	C.per./C.ctr	C. ctr.	C. per.	C.per./C.ctr	C. ctr.	C. per.	C.per./C.ctr	C. ctr.	C. per.	C.per./C.ctr	
12	117	54	0,46	75	34	0,45	60	26	0,43	74	27	0,36	Manometer in Carot. dext.; 5 Sek.
	112	51	0,45	69	32	0,46				98	36	0,36	10 Sek. nach der Reizung.
	115	52	0,47	62						94	30	0,32	
13	90	70	0,77	81	60	0,74	70	54	0,77	84	60	0,71	Car. sin.
	92	73	0,79	90	68	0,76	65	50	0,77				12 Sek. nach der Reizung.
	122	90	0,73	72	59	0,82	90	59	0,66				Car. dext.
15										118	87	0,73	Stärkere Ströme.
16	115	71	0,62	78	43	0,55	90	59	0,65	112	72	0,64	Carot. sin. Ni. symp. durchschnitten.
	115	71	0,61				90	55	0,61	108	60	0,55	
	115	71	0,61				90	51	0,56	112	70	0,62	
	115	78	0,60							118	73	0,61	
18	112	73	0,63				92	64	0,70	135	75	0,55	Car. sin.
2	121	85	0,70	59	54	0,91	110	74	0,67	110	78	0,71	Nach Symp. Durchschneidung.
	112	71	0,63	62	61	0,98				110	80	0,72	
	114	77	0,67							110	75	0,68	Reizung beider nervi depressores.
	125	84	0,67							110	80	0,72	
	88	88	1,00							74	71	0,94	
										68	68	1,0	

Tabelle 6a.

Dyspnoe beim Kaninchen.

Versuchs-Nr.	Car. ctr.	Car. per.	Car. per. / Car. ctr.	Bemerkungen.
2	78	78	1,00	Vor Dyspnoe.
	84	83	0,98	5
	89	84	0,94	10
	119	105	0,88	25 Sekunden nach Verschluss
	95	83	0,87	35 der Luftwege.
	98	81	0,83	50
	104	80	0,77	60
	115	90	0,78	5
	131	110	0,84	10
	134	126	0,94	18
	100	99	0,99	28 Sekunden nach der Dyspnoe.
	89	89	1,00	40
	86	86	1,00	60
4	100	71	0,71	Vor Dyspnoe.
	120	88	0,73	10
	115	69	0,60	25 Sekunden nach Verschluss
	118	61	0,51	50 der Luftwege.
	111	60	0,54	60
	136	63	0,46	
	140	70	0,50	
	112	72	0,64	Sekunden nach Dyspnoe.
	100	76	0,76	40
	106	85	0,80	60
9	50	23	0,46	Vor Dyspnoe.
	62	39	0,63	10 Sek. nach
	72	43	0,59	25 Verschluss Thier durch
	74	45	0,60	35 der starken
	66	44	0,66	45 Luftwege. Blutverlust
	80	44	0,55	Nach Dyspnoe. geschwächt.
	48	28	0,58	
10	122	69	0,56	Vor Dyspnoe.
	113	58	0,51	8
	128	63	0,49	25
	117	63	0,53	45 Sek. nach
	120	70	0,58	70 Verschluss
	135	72	0,53	80 der
	115	57	0,50	100 Luftwege.
	135	69	0,51	110
	100	47	0,47	115
	58	18	0,31	5
	74	22	0,30	15
	78	21	0.27	25 Nach
	112	33	0,30	45 Dyspnoe.
	105	44	0,42	90
	118	65	0,55	120

An diesem Thiere war ½ Stunde vorher der Kussmaul-Tenner'sche Versuch angestellt worden.

(Fortsetzung dieser Tabelle s. folgende Seite.)

Tabelle 6a (Fortsetzung).

Versuchs-Nr.	Car. ctr.	Car. per.	$\dfrac{\text{Car. ctr.}}{\text{Car. per.}}$	Bemerkungen.
11	114	74	0,65	Vor Dyspnoe.
	115	74	0,64	8 ⎫
	122	64	0,52	18 ⎪ Sek. nach Verschluss der
	126	60	0,47	45 ⎬ Luftwege.
	115	52	0,45	60 ⎭
	132	70	0,53	15 ⎫
	128	81	0,63	60 ⎬ Nach Dyspnoe.
	118	78	0,66	180 ⎭
12	128	58	0,45	Vor Dyspnoe.
	134	65	0,49	3 ⎫
	145	68	0,47	8 ⎪
	146	71	0,48	11 ⎪
	138	62	0,45	22 ⎪
	136	55	0,40	30 ⎪ Sek. nach Abschnürung der
	130	47	0,36	40 ⎪ Trachea.
	108	31	0,28	50 ⎬ Tod erfolgt 4 Minuten nach
	112	34	0,30	80 ⎪ der Abschnürung.
	84	29	0,34	100 ⎪
	64	24	0,37	120 ⎪
	50	18	0,36	140 ⎪
	35	10	0,28	180 ⎭
13	75	58	0,77	Vor Dyspnoe.
	73	49	0,67	⎫
	98	65	0,66	⎬ Während Dyspnoe.
	115	72	0,62	⎭
	108	69	0,64	Nach Dyspnoe.
15	135	63	0,47	⎫ Während
	127	60	0,47	⎬ Dyspnoe. ⎫ Schädel des
	144	46	0,32	⎭ ⎬ Thieres
	136	80	0,59	⎫ Nach ⎬ trepanirt.
	110	42	0,38	⎬ Dyspnoe. ⎭
	113	82	0,72	Zweiter Versuch. Vor Dyspnoe.
	122	86	0,70	⎫
	136	81	0,60	⎪
	124	70	0,56	⎬ Während Dyspnoe.
	102	57	0,55	⎭
	127	70	0,55	⎫
	142	80	0,56	⎬ Nach Dyspnoe.
	119	74	0,62	⎭
16	123	88	0,71	Vor Dyspnoe.
	123	86	0,70	⎫
	100	63	0,63	⎬ Während Dyspnoe.
	112	63	0,56	⎭
	135	79	0,58	Nach Dyspnoe.
	136	94	0,69	⎫ Zweiter Versuch.
	112	73	0,65	⎬ Während Dyspnoe.
	126	70	0,55	⎭
	122	77	0,63	⎫ Nachher.
	132	93	0,70	⎭
18	114	76	0,66	Vor Dyspnoe.
	118	84	0,71	⎫
	118	80	0,67	⎬ Während Dyspnoe.
	95	70	0,73	⎭
	167	120	0,72	Nachher.

Tabelle 6b.

Dyspnoe. (Katze und Hund.

Versuchs-Nr.	C. ctr.	C. per.	Vene	$\frac{C.\ per.}{C.\ ctr.}$	$\frac{Vene}{C.\ ctr.}$	
3 a	148	95	6	0,64	0,040	Vor Dyspnoe. **Katze.**
	164	102	10	0,62	0,061	6
	162	99	11	0,61	0,067	13
	140	85	10	0,60	0,071	18 Sekunden nach
	131	71	9	0,54	0,068	25 Verschluss der
	138	77	10	0,55	0,072	34 Luftwege.
	116	59	8,5	0,50	0,073	47
	88	50	8,6	0,56	0,097	60 Unregelmässiger
	115	54	17	0,47	0,147	68 Venenpuls.
	120	59	16,5	0,49	0,137	75
	111	54	13	0,48	0,117	88
	113	53	14	0,46	0,123	10 Sekunden
	131	64	14	0,48	0,106	20 nach Dyspnoe.
	169	90	24	0,53	0,142	28
	159	93	17	0,58	0,107	38 Regelmässiger
	155	80	12,5	0,51	0,080	40 Venenpuls.
	142	77	11	0,54	0,077	60
b	140	83	3,6	0,59	0,025	Vor Dyspnoe. **Katze.**
	96	58	5	0,60	0,052	10 Sekunden während
	85	42	4	0,49	0,047	18 Dyspnoe.
	86	36	5	0,41	0,058	25 Venenpuls.
	73	33	10	0,45	0,137	33
	75	35	9	0,46	0,120	12
	112	41	7,6	0,36	0,067	20
	132	62	7	0,47	0,053	25 Nach Dyspnoe.
	133	71	5,5	0,53	0,041	40
	148	80	6	0,54	0,040	2 Minuten.
6	147	100	5	0,68	0,033	Vor Dyspnoe. **Katze.**
	160	?	6,5	—	0,040	10
	163	86	8,8	0,52	0,054	60 Während Dyspnoe.
	165	72	13,4	0,43	0,081	80
	122	70	14,6	0,57	0,120	100
14	184	92		0,50		Vor Dyspnoe. **Katze.**
	202	97		0,48		10
	212	99		0,46		20
	210	97		0,46		30 Sekunden nach Ab-
	210	75		0,36		45 schnürung der
	195	62		0,31		60 Trachea.
	144	47		0,32		90
	120	47		0,39		120 Tod nach 4 Minuten.
	97	40		0,41		180
	25	25		1,00		220
17	150	95	7,6	0,63	0,050	Vor Dyspnoe. **Hund.**
	165	104	14	0,63	0,084	5
	170	110	9,8	0,64	0,057	20
	195	120	13,6	0,61	0,070	35
	180	109	10,7	0,60	0,059	50 Sekunden nach Ver-
	200	117	10,7	0,58	0,058	60 schluss der Luftwege.
	204	121	14	0,59	0,068	68
	215	107	5	0,50	0,023	5
	200	113	7	0,56	0,035	10
	190	109	8	0,57	0,042	15 Nachher.
	175	106	9,2	0,60	0,052	20

Tabelle 7a.
Reizung sensibler Nerven (Kaninchen).

Versuchs-Nr.	Vor der Reizung			Während der Reizung			Nach der Reizung			Bemerkungen.
	Car. ctr.	Car. per.	$\frac{\text{Car. per.}}{\text{Car. ctr.}}$	Car. ctr.	Car. per.	$\frac{\text{Car. per.}}{\text{Car. ctr.}}$	Car. ctr.	Car. per.	$\frac{\text{Car. per.}}{\text{Car. ctr.}}$	
1	96	80	0,83	87	76	0,87	92	78	0,84	Reizung der Schenkelhaut.
				100	85	0,85	89	86	0,96	Zweite Reizung.
				140	101	0,72				Thier schreit.
2	79	79	1,00	85	85	1,00	83	83	1,00	Nervus cruralis gereizt.
	80	77	0,96	85	85	1,00				Zweite Reizung.
				97	93	0,95				
4	100	74	0,74	115	86	0,74	105	82	0,78	Reizung der Bauchhaut.
	104	79	0,76	110	82	0,74	100	78	0,78	Zweite Reizung.
	118	78	0,66	142	93	0,65				
11	118	78		152	98	0,64				Reizung der Schenkelhaut.
16	129	82	0,63	140	95	0,68	135	85	0,63	Reizung der Schenkelhaut.
							127	85	0,67	

Tabelle 7b.
Reizung sensibler Nerven.

Versuchs-Nr.	Car. ctr.	Car. per.	Vene	$\frac{\text{Car. per.}}{\text{Car. ctr.}}$	$\frac{\text{Vene}}{\text{Car. ctr.}}$	Bemerkungen.
3	132	78	7,5	0,60	0,076	Vor
	150	96	8	0,64	0,053	Während } der Reizung des Nerv. cruralis. } Katze.
17	148	95	6	0,64	0,040	Nach
	145	88	5	0,60	0,034	Vor
	162	96	6,5	0,59	0,040	Während } der Reizung der Schenkelhaut. } Hund.

Tabelle 8.

Einwirkung pharmakologischer Stoffe auf die Hirngefässe.
Kaninchen.

Versuchs-Nr.	C. ctr.	C. per.	$\frac{\text{C. per.}}{\text{C. ctr.}}$	
		a.		
11	123	81	0,66	Vor Morphium-Narkose.
	114	72	0,63	1⎫
	110	76	0,69	2⎪ Minuten nach 0,025 gr morph.
	125	73	0,58	3⎬ hydrochl. intravenös.
	106	72	0,68	10⎭
		b.		
10 a	124	86	0,69	Vor Chloroforminhalation.
	140	73	0,52	⎫ Während der Chloroform-
	145	78	0,53	⎬ inhalation.
	135	67	0,50	⎭
	130	73	0,56	Nachher.
b	118	68	0,57	Chloroform bis zum Tode.
	120	64	0,53	
	112	58	0,51	
	95	45	0,47	
	108	50	0,46	
	90	40	0,44	
	30	20	0,66	
16 a	126	88	0,70	Vor Chloroforminhalation.
	135	95	0,70	⎫ Während der Chloroform-
	132	86	0,65	⎬ inhalation.
	130	78	0,60	⎭
	155	84	0,54	II. Inhalation bis zum Tode.
	155	70	0,45	
	129	76	0,59	
	116	80	0,69	
	87	59	0,67	
	55	33	0,60	
		c.		
11	118	80	0,67	Vor Einathmung.
	148	90	0,60	8⎫
	110	71	0,64	15⎪
	135	83	0,61	20⎪
	115	70	0,60	30⎪
	155	80	0,51	40⎪
	130	60	0,46	50⎬ Sekunden Inhalation von
	137	60	0,44	70⎪ 8 Tropfen Amylnitrit.
	92	47	0,51	80⎪
	96	50	0,52	90⎪
	98	63	0,64	150⎭
	106	69	0,65	180
	103	68	0,66	Weiter 5 Tropfen Amylnitrit.
	107	62	0,58	4 Minuten.
	115	59	0,51	4 Min. 20 Sek.
	110	54	0,49	4 „ 35 „
	110	53	0,48	4 „ 50 „ Amylnitrit wird entfernt.
	105	67	0,63	5 „ 30 „
	90	61	0,67	5 „ 40 „
	108	71	0,66	6 „ 20 „

Fortsetzung dieser Tabelle siehe folgende Seite.

Tabelle 8. (Fortsetzung.)

Versuchs-Nr.	C. ctr.	C. per.	$\frac{C.\,per.}{C.\,ctr.}$	
13	88	68	0,77	Vor Einathmung.
	100	75	0,75	
	110	84	0,76	
	100	76	6,76	
	85	67	0,78	} 8 Tropfen **Amylnitrit.**
	80	62	0,77	
	72	59	0,82	
	65	50	0,77	
	50	38	0,76	
	54	40	0,74	
	94	75	0,80	Nach 5 Minuten.
		d.		
13	94	75	0,80	Vergiftung mit Leuchtgas.
	112	89	0,79	
	138	102	0,74	
	120	90	0,75	
	115	76	0,66	
	105	65	0,62	
	90	57	0,63	
	88	53	0,60	1 Min. 40 Sek.
	78	45	0,57	2 „
	90	54	0,60	
	23	17	0.73	3 „
	18	8	0,44	3 „ 30 „ exitus. 3 Min. 50 Sek.

Tabelle 8 e.

Chloroforminhalation, Hund.

Versuchs-Nr.	Car. ctr.	Car. per.	Vene	$\frac{C.\,per.}{C.\,ctr.}$	$\frac{Vene}{C.\,ctr.}$	
17	175	106	9,2	0,60	0,052	Vor.
	150	94	4,8	0,62	0,032	15
	185	114	10,5	0,61	0,056	30
	160	98	9,6	0,61	0,060	35
	160	97	10,0	0,60	0,062	45 Sekunden während Chloroforminhalation.
	130	80	3,8	0,61	0,029	60
	160	99	8,5	0,62	0,053	75
	145	82	8,5	0,56	0,058	85
	146	84	4,7	0,57	0,032	100
	150	83	5,4	0,55	0,036	20 Sekunden nach Inhalation.
	153	93	5,0	0,60	0,032	60

Tabelle 9a.
Verschluss der Carotis der anderen Seite. Kaninchen.

Versuchs-Nr.	Vor dem Verschluss			Während des Verschlusses			Nach Aufheb. d. Verschl.			Bemerkungen
	C. ctr.	C. per.		C. per.	C. ctr.		C. ctr.	C. per.		
2	88	88	1,0	95	90	0,94				Manometer in Car. dext.
				89	85	0,95	87	87	1,0	
4	101	80	0,80	115	78	0,67	112	86	0,76	Man. in Car. dext.
				130	78	0,60	102	79	0,77	
9	74	51	0,69	73	45	0,61				Man. in car. dext.
				77	49	0,63	75	53	0,70	Thier durch Blutverlust geschwächt.
10	124	86	0,69	116	37	0,31	130	99	0,76	Man. in Car. dext.
	130	99	0,76	131	46	0,35				
				164	102	0,62	132	93	0,70	
	124	85	0,68	133	78	0,58	154	111	0,72	
				163	101	0,62	133	93	0,70	
12	118	46	0,39	134	34	0,25	118	43	0,36	
16	124	90	0,72	122	80	0,65				Man. in Car. sin.
				145	100	0,69	120	89	0,74	
18	113	79	0,70	113	70	0,62				Man. in Car. sin.
				139	81	0,58	139	100	0,72	
	108	78	0,72	108	71	0,65				
				120	69	0,57	118	83	0,70	

Verschluss der Art. vertebralis auf Seite der Canülen.

10	120	82	0,68	124	79	0,63	124	86	0,70	Man. in Car. dext. Art. vert. ist ein
	122	80	0,65	122	75	0,61	127	83	0,65	sehr dünnes Gefäss, sin. viel dicker.

Verschluss der Art. vertebralis der anderen Seite.

10	124	86	0,69	124	78	0,62	134	89	0,66	
				124	80	0,64	134	86	0,64	
9	76	54	0,71	70	47	0,67	75	51	0,68	
	68	47	0,70	57	37	0,65	70	50	0,71	

Verschluss beider Arteriae vertebrales.

10	130	72	0,55	130	50	0,38	124	73	0,59

Verschluss der Carotis und Vertebralis der anderen Seite.

10	128	77	0,60	132	70	0,53	145	102	0,70
				162	86	0,53	130	188	0,67

Verschluss der Art. vertebr. auf Seite der Canülen u. der Car. der anderen Seite.

10	120	78	0,65	130	65	0,50	144	90	0,62
				144	58	0,40	125	79	0,63

Verschluss sämmtlicher Gehirnarterien (Kussmaul-Tenner'scher Versuch).

10	120	81	0,67	148	64	0,43				
				190	8	0,04	85	21	0,24	Epil. Anfall.
							112	28	0,25	
							134	52	0,38	26 Sek. nach Anfall.
							140	68	0,48	40 „ „ „
							127	74	0,58	60 „ „ „
	120	54	0,45	184	3	0.01	120	42	0,35	
							130	48	0,37	
19	88	68	0,77	118	11	0,09				14 Sek. [Anfall.
				160	10	0,07	130	96	0,74	38 „ Nach Verschl. der Art. epil.
							74	49	0,66	15 Sek.⎫ nach Aufhebung des
							75	56	0,76	60 „ ⎭ Verschlusses.
	68	63	0,72	156	14	0,09				27 Sek. Nach Verschl. der Art. epil.
							125	102	0,81	4⎫ [Anfall.
							75	63	0,84	16⎬ Sek. nach Anfall.
							61	50	0,82	50⎭

Tabelle 9 b.

Verschluss der Carotis der anderen Seite. Katze und Hund.

Veruchs-Nr.	Vor dem Verschluss					Während des Verschl.							Nach dem Verschluss							
	C. ctr.	C. per.	Vene	C. per.	C. ctr.	Vene	C. ctr.	C. ctr.	C. per.	Vene	C. per.	C. ctr.	C. per.	Vene	C. per.	C. ctr.	Vene	C. ctr.	
3	127	85	6	0,67	0,047	141	60	5	0,42	0,035	137	82	10,5	0,60	0,076				Katze.
	147	100	5	0,68	0,034	157	88	4,5	0,56	0,028									
17	155	105	9,8	0,67	0,063	160	73	3,5	0,45	0,022									Hund.
					210	98	8,0	0,46	0,038	205	110	18	0,53	0,087				
											140	90	5,8	0,64	0,041			
	153	93	5,0	0,61	0,033	150	60	0,8	0,40	0,005								
					190	78	5,0	0,41	0,026	185	104	12,8	0,56	0,069				
											130	80	1,8	0,61	0,014			
	168	88	10,0	0,52	0,060	180	78	7,1	0,43	0,040								
					215	81	10,5	0,37	0,048	184	89	12,8	0,48	0,069				
											170	89	9,5	0,52	0,056			20 Sek. n. Aufhebung d. Verschl.

Thesen.

I. Die Regulirung der Blutzufuhr zum Gehirn erfolgt ebenso wie in anderen Organen, nämlich durch Aenderung des Tonus der Hirngefässe.

II. Ein grösserer Nutzen würde durch die Schulbildung erzielt, wenn für verschiedene Individuen jeweils diejenigen Fächer in den Mittelpunkt des Unterrichtes träten, für welche die einzelnen natürliche Begabung und Interesse mitbringen; denn nur in diesem Falle ist ein tieferes Eindringen in die Wissenschaft möglich und dauernder Werth von der Beschäftigung mit derselben zu erwarten. Die Gefahr einer einseitigen Schulbildung würde daraus keineswegs entstehen, denn die Vertrautheit mit einer Disciplin weckt das Interesse für andere Wissenszweige und erleichtert das Erlernen derselben.